I0232340

www.ingramcontent.com/pod-product-compliance
Lightning Source LLC
LaVergne TN
LVHW041252080426
835510LV00009B/705

9781956938012

بي بي سالمة

بي بي سالمة

ذكريات أميرة عربية من زنجبار

المؤلفة

سالمة بنت سعيد، إيميلي رويتي لاحقًا

دار ٦٠٦ house

دري

مقدمة

إن العمل المقدمة ترجمته هنا نُشر أول الأمر بالألمانية بعنوان «Memoiren einer arabischen Prinzessin». ونُشِر من قِبَل ناشر في برلين عام 1886، وتُبِع على الفور بطبعة باللغة الإنجليزية، والتي لاقت اهتمامًا ضئيلًا وآلت إلى طي النسيان. صدرت المذكرات لأول مرة من دون ذكر اسم مؤلفتها، وغالبًا ما اُعتبِرت ضمن «أدب الحريم والاستشراقية»، وهي في الواقع من كتابة إيميلي رويتي، والتي عُرِفت باسم السيدة سالمة بنت سعيد، أميرة زنجبار وسلطنة عُمان منذ ولادتها. وُلِدت لأم شركسية وكانت صغرى ذرية سعيد بن سلطان الستة والثلاثين. وينتمي سعيد بن سلطان لسلالة بو سعيد من عُمان، والذين حكموا الإمبراطورية العُمانية التي امتدت على طول المحيط السواحيلي ومقرها زنجبار.

وعندما نشرت السيدة سالمة بنت سعيد أو «بي بي سالمة» مذكراتها عام 1886 كانت حياتها عند نقطة تحول. حيث عادت إلى زيارة منزل طفولتها في زنجبار لأول مرة منذ مغادرتها قبل عشرين عامًا مع الرجل الذي أصبح زوجها. وبعد زيارة وجيزة إلى زنجبار ستقرر مغادرة ألمانيا ذاهبةً إلى الإمبراطورية العثمانية. وفي السنوات التي تلت مغادرتها لبلادها، أصبحت أمًّا لثلاثة أطفال، وأرملة، ومتحدثة طلقة باللغة الألمانية، والأخت المنبوذة لسلاطين عُمان وزنجبار.

ويُلاحظ من خلال كتاباتها أنها امرأة صلبة ووقورة، أجبرتها ظروف ولادتها والمواقف التي مرت بها على شق طريقها عبر العديد من الإمبراطوريات التي سعت إلى استغلالها، أو السيطرة عليها، أو إنكارها. وأمضت بي بي سالمة سنواتٍ تتفاوض فيها وتناور بين المكائد السياسية في الأيام التي سعت فيها بدأب وراء ميراثها المُستحق بسبب عناد إخوتها والطموحات الاستعمارية التنافسية لبريطانيا وألمانيا.

وفي الفترة التي عاشت فيها في أوروبا، عرفت أن الكثير من الناس ينظرون إليها على أنها غريبة أطوار جاءت من «الشرق»، وبذلك أصبحت مدركةً تمامًا لنظرة الأوروبيين إلى الشرق. حيث إن بي بي سالمة كتبت: «حتى في زمن السكك الحديدية والاتصالات السريعة، لا تزال الدول الأوروبية جاهلةً بشأن عادات وأعراف جيرانهم المباشرين، بحيث لا يمكن للمرء تخيل مدى ضآلة ما يعرفونه عن الأعراق في البلدان البعيدة عنهم». وعبرت آملة في سيرتها الذاتية - التي نُشِرت لأول مرة باللغة الألمانية والتي كانت موجهة للجمهور الأوروبي - بأن كتابها سوف يمحو «العديد من المفاهيم الخاطئة والمغالطات الحالية حول الشرق»، وعبرت كذلك عن رغبتها الخاصة بتغيير الأفكار السائدة حول «مكانة المرأة في الشرق».

لكن مأساة النص الكبرى تمثلت في أن عملها حُوِّل إلى ما حاربت ضده حرفيًا: حيث صُنِف على أنه عمل من «أدب الحريم والاستشراقية». فقد عرض ناشرو النص في القرن التاسع عشر وأوائل القرن العشرين حياتها على أنها عمل شرقي مُتخيل بدلًا من أن يكون سردًا واقعيًا لسيرة ذاتية. ودُعِم ذلك من خلال النص الملحق، والغلاف المُصمم، والرسوم التوضيحية، وصفحة العنوان التي رسخت بقوة انطباع كون مذكراتها عملًا شرقيًا متخيلًا من شأنه أن يمنح القارئ الأوروبي أو الأميركي نظرةً محرمة على العالم الخفي للحريم.

تتطلع هذه النسخة المترجمة إلى العربية إلى الانتشار بعيدًا عن المجتمع الأوروبي الذي كتبت له بي بي سالمة مذكراتها من خلال الإتيان بها إلى قلب المنطقة. وسيقرأ المرء في هذه المذكرات ويلاحظ اهتمام بي بي سالمة الدقيق بوصف العلاقات الحميمة في البلاط الملكي، وشخصيات

عائلتها، والطقوس والمعاني المستمدة من الاحتفالات الدينية المختلفة في الإسلام، والمساواة التي تحلل بها الاختلافات الاجتماعية - الإيجابي منها والسلبي - بين زنجبار وأوروبا.

نُشِر الكتاب بالتعاون مع منصة النشر «دار» المعنية بمواضيع تاريخ شبه الجزيرة العربية، ومعهد «أدري» منصة البحوث العربية الأكبر في العالم، ويطمح الكتاب إلى أن يكون شهادةً على اهتمامنا الشديد بتحفيز القراء والمفكرين حول ثقافات منطقة الخليج.

أحمد مكية
الناشر في منصة (دار)

علي مزرعة
مدير معهد أدري التنفيذي

ملحوظة: كُتِبت المذكرات عام 1886 في ظل ظروف سياسية مختلفة عن الظروف السائدة في القرن الحادي والعشرين المعاصر. والآراء الواردة في هذه المذكرات، خاصةً المتعلقة بالعبودية والدين والهوية والسياسة، عبارة عن آراء المؤلفة الخاصة ولا تمثل بأي حال من الأحوال آراء الناشرين.

المحتويات

- تاريخ العائلة ___ 12
- بيت الواتورو ___ 22
- بيت الساحل ___ 30
- ذكريات إضافية عن الطفولة ___ 38
- الفردية الوطنية ___ 46
- مراسم المواليد الجدد ___ 54
- المدرسة ___ 62
- الأزياء النسائية ___ 68
- رحلة السلطان إلى عمان ___ 74
- وفاة سيد سعيد ___ 80
- مكانة المرأة في الشرق ___ 88
- الوصاية العربية والزواج ___ 98
- عادات اجتماعية ___ 104
- الأعياد المحمدية ___ 110
- العلاج الطبي ___ 120
- العبودية ___ 126
- تاريخ مؤامرة في الأسرة الحاكمة ___ 132
- فترة من الإقامة الريفية ___ 142
- الهروب من زنجبار ___ 148
- مقتطف من الدبلوماسية الإنجليزية ___ 152
- زيارة الوطن القديم ___ 158

الديباجة

قبل تسع سنوات، تصورت فكرة تدوين بعض الحقائق من أجل إعلام أطفالي، الذين لم يعرفوا وقتها شيئًا عن أصلي سوى أنني عربية ومن زنجبار. وبعد أن أرهَقت جسديًا وعقليًا، لم أتوقع بعد ذلك أن أعيش حتى يكبروا، ولم أعتقد أنني يجب أن أتحدث معهم لفظًا عن وقائع شبابي ومسار مصيري. ومن ثم قررت أن أسجِّل حكايتي على الورق. ولم تكن مذكراتي موجهة إلى عامة الناس في البداية، ولكن إلى أطفالي، الذين كنت أرغب في أن أورثها لهم باعتبارها تراثًا من الحب الأمومي الخالص. ومع ذلك، وبعد إلحاحٍ مُقنعٍ، وافقت على نشرها.

وكنت قد أنهيت هذه الصفحات قبل سنين طويلة، ووحده الفصل الأخير يشكل إضافة حديثة، فقد أدخلتها بسبب رحلة قمت بها إلى وطني القديم زنجبار مع أطفالي. وأرجو أن يخرج كتابي إلى العالم، وأن يلقى كثيرًا من الأصدقاء كما يسعدني أن أجده.
برلين، مايو، 1886.

إيميلي رويتي،
المولودة أميرة لعُمان وزنجبار.

تاريخ العائلة

كنا في أقدم قصر لدينا في جزيرة زنجبار قصر بيت الموتني، عندما رأيت ضوء النهار لأول مرة، حيث بقيت هناك حتى بلغت سنتي السابعة. يقع بيت الموتني في موقع ساحر على شاطئ البحر، وعلى بعد حوالي خمسة أميال تقريبًا من مدينة زنجبار، كان يقع في بستان من نخيل جوز الهند الرائع وأشجار المانجو وغيرهما من الأشجار العملاقة. أخذ مكان ولادتي اسمه من تيار موتني الصغير والذي يمتد بعيدًا قليلًا عن الداخل، ويتفرع إلى عدة فروع بينما يتدفق عبر أراضي القصر، حيث يصب في لوحة الماء الخلابة التي تقع خلف القصر مباشرة والتي تفصل زنجبار عن قارة أفريقيا.

خُصِّص فناء واحد واسع لجميع المباني التي يتكون منها القصر، وبسبب تنوع هذه المباني والتي ربما أنشئت حسب درجات معينة من الضرورة، كان التأثير العام مُنفرًا وليس جذابًا. وقد كانت الممرات والأروقة التي لا تُعد ولا تُحصى، المناطق الأكثر تحييرًا لمن ليس لديهم الخبرة الكافية بالمكان. كما كان هناك عدد لا يُحصى من الشقق في القصر؛ انمحى ترتيبها الصحيح من ذاكرتي، على الرغم من احتفاظي بذكريات مميزة جدًا عن استعدادات الاستحمام في قصر بيت الموتني. كانت هناك العشرات من الأحواض الموضوعة في صف واحد في أقصى نهاية الفناء، حيث إنه يستحيل عليك زيارة هذا المكان المفضل للنقاهة والاستجمام عند هطول المطر إلا باستخدام مظلة. أما ما يُسمى بالحمَّام «الفارسي» فقد كان منفصلًا عن بقية الحمَّامات؛ لقد كان حقًّا حمَّامًا تركيًا، كما أنه لم يكن هناك حمَّامٌ آخر في زنجبار. كان يحتوي كل حمَّام على حوضين بمساحة أربع أذرع في ثلاث، حيث يصل الماء إلى صدر الشخص البالغ عند الاستحمام. لقد حظي هذا المنتجع بشعبية كبيرة لدى سكان

القصر، الذين اعتاد معظمهم قضاء عدة ساعات في اليوم هناك، إما يؤدون الصلاة، أو يقومون بأعمالهم، أو يقرءُون أو ينامون أو حتى يأكلون ويشربون. كانت هناك حركة دائمة من الساعة الرابعة صباحًا حتى الثانية عشرة ليلًا؛ حيث لا توقف لتدفق الناس القادمين والمغادرين.

وعند دخولك إلى أحد الحمَّامات - التي بُنيت جميعها على نفس المخطط - سترى منصتين مرتفعتين، تقع إحداهما على اليمين والأخرى على اليسار، مفروشتين بحصيرة منسوجة بدقة تُستخدم إما للصلاة أو للاسترخاء. فكل شيء في سبيل الرفاهية كالسجادة مثلًا، كان ممنوعًا هنا. فعندما يؤدي المُحمدي صلواته، كان من المفترض أن يلبس ثوبًا خاصًا وأن يكون نظيفًا تمامًا - باللون الأبيض إن أمكن - ولا يستخدمه لأي غرض آخر. وبالطبع، فإن هذه القاعدة الصارمة إلى حدٍّ ما لا يطيعها إلا من هم أتقياء للغاية. كانت الأعمدة الضيقة تمتد بين المنصات والأحواض التي بدت مكشوفة ما عدا قبو السماء الأزرق. كما أدت الجسور والعتبات الحجرية المقوسة إلى خلق شقق أخرى منفصلة تمامًا. كذلك كان لكل حمَّام مرتادوه الخاصون؛ فكما هو معروف، كان هناك نظام طبقي صارم يحكم قصر بيت الموتني، الذي كان يُلاحظ بصرامة من قبل النبلاء والعامة.

فأشجار البرتقال، التي يبلغ طولها طول أكبر أشجار الكرز هنا في ألمانيا، ازدهرت على طول واجهة الحمَّامات، كنا نختبئ نحن الأطفال الخائفين في أغصانها المضيافة، فقد كانت ملجأ لنا لمراتٍ عديدة، تحمينا من مديرة مدرستنا الصارمة جدًّا! احتل البشر والحيوانات الفناء الشاسع معًا بكل ود، دون أن يزعج أحدهما الآخر على أقل تقدير؛ فالغزلان والطواويس

وطيور النحام الوردي والدجاج الغيني والبط والإوز ضلت طريقها برغبتها، وكان الكبار والصغار يطعمونها ويلاطفونها. وكم كان من المفرح لنا نحن الصغار أن نجمع البيض من على الأرض، وخصوصًا بيض النعام الضخم، ثم نسلمهُ إلى رئيس الطهاة الذي كان يكافئنا على مشقتنا بإعطائنا حلويات من اختيارنا.

وكنا نتلقى نحن الأطفال، الذين تجاوزنا سن الخامسة، مرتين في اليوم، في الصباح الباكر وفي المساء أيضًا، دروسًا في ركوب الخيل من قبل مخصِي في هذا الفناء، دون أن نزعزع أبدًا طمأنينة أصدقائنا الحيوانات. وبمجرد أن اكتسبنا المهارة الكافية في فن الفروسية، أعطانا والدنا حيواناتٍ. حيث كان يُسمح للطفل بانتقاء حصان من إسطبلات السلطان، بينما تتلقى الفتيات بِغالًا مسقطية وسيمة بيضاء، تلك التي كان جُلُّها مزركشًا بسخاء. كان ركوب الخيل وسيلة التسلية المفضلة في بلد حيث المسارح والحفلات الموسيقية غير معروفة فيه. وغالبًا ما كانت السباقات تُقام في العراء، وغالبًا ما كانت تنتهي بحادث. ففي إحدى المناسبات كاد السباق يكلفني حياتي. ففي حرصي الشديد ألا أنهزم من قِبل أخي حمدان، كنت قد انطلقت بجنون دون أن ألاحظ النخلة الضخمة المنحنية أمامي؛ لم أدرك هذا العائق إلا عندما كنت على وشك أن أدير رأسي في اتجاهه، فرميت بنفسي للخلف مرتعبة جدًّا في الوقت المناسب هربًا من الكارثة.

وكانت السمة المميزة لبيت الموتني هي السلالم متعددة الطرقات، شديدة الانحدار وبخطوات محسوبة على ما يبدو لعملاق. وحتى حين تمضي قُدمًا صعودًا وصعودًا، دون أن تنزل أبدًا أو تلتف مطلقًا، بحيث لا يكاد يوجد أمل للوصول إلى القمة إلا إذا رفعت نفسك هناك بواسطة الدرابزين البدائي. كانت السلالم تستخدم كثيرًا إلى درجة أنه كان لا بد من إصلاح الدرابزينات باستمرار. وأتذكر كم كان الجميع خائفين في جناحنا في أحد الصباحات، عندما اكتشفنا أن هناك قضيبين انهارا خلال الليل، وحتى هذا اليوم بالذات أنا مندهشة من عدم وقوع أي حادث على تلك المنحدرات المروعة، حيث كان الكثير من الناس يصعدون وينزلون على مدار الساعة.

ولكون الإحصاء علمًا غير مألوف لدى سكان زنجبار، فلا أحد يعرف بالضبط عدد الأشخاص الذين يعيشون في قصر بيت الموتني، ولكن إذا كان لي أن أخاطر بتقدير ما، فأعتقد أني لا أبالغ إذا قدرت عدد السكان بالآلاف. ولن يبدو هذا الرقم الضخم مفرطًا إذا ما أخذنا في الاعتبار أن كل من يريد أن يُنظر إليه ثريًا ومهمًا في الشرق لا بد أن يكون لديه جيش من الخدم. وفي الواقع، لم يكن قصر مدينة والدي، الذي يُدعى بيت الساحل، أقل اكتظاظًا بالسكان. فقد كانت عادته أن يقضي ثلاثة أيام في الأسبوع هناك، والأربعة الأخرى في بيت الموتني، حيث تقيم زوجته الشرعية، والتي كانت ذات يوم قريبة من أقارب العائلة البعيدين.

وحمل والدي سيد سعيد التسمية المزدوجة ليكون سلطان زنجبار وإمام مسقط، حيث إن لقب الإمام لقب ديني كان في الأصل لجدي الأكبر أحمد، وهو لقب ورثه. كما أن لكل فرد من أفراد عائلتنا الحق في امتلاكه وإلحاقه بتوقيعه.

وبصفتي إحدى أصغر أبناء سيد سعيد، لم أعرفه قط من دون لحيته البيضاء المبجلة. كانت قامته أطول من المتوسط، كما كان وجهه يعبر عن اللطف والود بشكل ملحوظ، إلا أن مظهره في الوقت نفسه يجعله يحظى باحترام فوري. وعلى الرغم من سعادته بالحرب والغزو، فإنه كان نموذجًا لنا جميعًا، سواء كوالد أو حاكم. فقد كان أعلى مثال له هو العدل، ففي حالة الانحراف لن يميز بين أحد أبنائه وعبد عادي. وقبل كل شيء، كان متواضعًا أمام الإله القدير؛ وبخلاف الكثير من الملكيات العظيمة، كانت الكبرياء المتغطرسة غريبة عن طبيعته. ففي أكثر من مرة، عندما يتزوج عبد عادي من عبيد الخدمة الطويلة، كان أبي يركب حصانًا وينطلق وحده ليقدم للزوجين الحديثين أمنياته الطيبة بشكل شخصي.

وكانت والدتي شركسية منذ الولادة. عاشت وأخوها وأختها بسلام في مزرعة والدي. وفجأة، اندلعت الحرب، واجتاحت البلاد الحشود الخارجة على القانون والتجأت عائلتنا الصغيرة «في مكان كان تحت الأرض» - على حد تعبير أمي، ويعني ذلك على الأرجح القبو، وهو شيء غير معروف في زنجبار. ولكن الأشرار الشنائع تمكنوا من اكتشافهم؛ لقد قتلوا والدَي أمي وأخذوا الأطفال الثلاثة على ظهور الخيل. لم تصل والدتي أي أخبار عن

مصير أخيها أو أختها. لا بد أنها وصلت إلى ملكية أبي بعمر صغير، إذ فقدت أول أسنانها في بيته ونشأت مع اثنتين من أخواتي في سنواتها الخاصة كرفيقات. تعلمت القراءة مثلهن، وهو إنجاز ميزها عن غيرها من النساء في منصبها، اللاتي عادة ما يأتين عندما يبلغن السادسة عشرة أو الثامنة عشرة على الأقل، وفي ذلك الوقت بالطبع لم يكن لديهن أي طموح للجلوس مع أصابع صغيرة على حصيرة يابسة في فصل دراسي. لم تكن والدتي حسنة المظهر، ولكنها كانت طويلة وجيدة البنية، كما كانت عيناها سوداوين؛ وكان شعرها أيضًا أسود يبلغ ركبتيها. ولم يكن هنالك شيء يروق لها أكثر من مساعدة شخص يواجه مشكلة، وهو تصرف لطيف. كما كانت دائمًا على استعداد للزيارة، بل وحتى لتمريض العاجزين؛ وأتذكر إلى هذا اليوم كيف كانت تنتقل من سرير مريض إلى آخر تحمل كتبًا في يدها، لتقرأ النصائح الدينية لبعث الراحة.

كان لوالدتي تأثير كبير على سيد سعيد، الذي نادرًا ما رفض رغباتها، على الرغم من طلبها لهذه الرغبات نيابةً عن آخرين. ثم أيضًا، عندما تأتي لرؤيته، كان ينهض ويتقدم نحوها وهو ما يشكل إشارة مميزة. كانت معتدلة وهادئة بطبيعتها، كما أنها كانت متواضعة بشكل واضح وكانت صادقة ومنفتحة لكل شيء. لم يكن لإنجازاتها الفكرية أهمية كبيرة؛ ومن ناحية أخرى، أظهرت مهارة رائعة في التطريز. كانت بالنسبة لي أمًّا حنونًا ومُحبة، غير أن هذا الأمر لم يمنعها من معاقبتي بقسوة عندما أستحق ذلك. وكان عدد صديقاتها في بيت الموتني كبيرًا، وهي حالة نادرة بالنسبة لامرأة تنتمي إلى بيت عربي. لا يمكن أن يكون لأحدٍ إيمانٌ بالله بقدرها. ما زلت أتذكر حريقًا اندلع في إحدى ليالي ضوء القمر في الإسطبلات، بينما كان والدي في المدينة مع حاشيته. فبعد إنذار كاذب في منزلنا، أمسكت بي أمي تحت إحدى ذراعيها والقرآن العظيم تحت ذراعها الأخرى، وخرجت من الأبواب. لم يقلقها شيء آخر في لحظة الخطر تلك.

بقدر ما أستطيع أن أتذكر، كان لوالدي - السيد أو السلطان - زوجة شرعية واحدة فقط منذ وقت ولادتي؛ أما الزوجات الأخريات اللواتي بلغ عددهن خمسًا وسبعين جارية عند وفاته، كان قد اشتراهن في أوقات متفرقة.
أما زوجته الشرعية، عزة بنت سيف، وهي من العائلة الملكية في عُمان، فكانت تتمتع بالسلطة المطلقة في بيته. وكانت صغيرة الحجم متواضعة

المظهر، إلا أن السلطة التي مارستها على زوجها كانت فريدة، حيث كان جاهزًا لموافقتها على كل أفكارها. أما بالنسبة لزوجات السلطان الأخريات وأطفاله، فقد كانت تتصرف معهم باستبداد متغطرس وتنديد؛ ولحسن الحظ لم يكن لديها أطفال، وإلا لكان طغيانهم بالتأكيد لا يطاق. كل واحد من أطفال والدي - كان هناك ستة وثلاثون طفلًا عندما تُوفِّي - من جارياته، لذلك كنا جميعًا متساوين، فلم تكن هناك حاجة للسؤال عن لون دمائنا.

كانت هذه الزوجة الشرعية، والتي كان لا بد من مخاطبتها بـ«صاحبة السمو» (وهي في اللغة العربية سيدة وفي السواحلية بي بي) مكروهة ويخشاها الشباب والكبار، النبلاء والعامة، ولم يحبها أحد. وحتى يومنا هذا ما زلت أتذكر كم كانت قاسية، فهي تمر على الجميع من غير رسم أي ابتسامة أو قول أي كلمة. وكم كان والدنا الطيب العجوز مختلفًا! كان دائمًا ذا تحية سارة يقدمها لمن يراه، سواء كان الشخص ذا أهمية أو تابعًا بسيطًا. لكن زوجة أبي النبيلة والجبارة عرفت كيف تبقي نفسها في قمة مكانتها الرفيعة، ولم يجرؤ أحد قط على زيارتها بلا دعوة خاصة. لم أرها قط تخرج إلا بصحبة كبيرة، باستثناء يوم ذهبنا مع السلطان إلى حمّامهما، المخصص لاستخدامهما فقط. في الداخل، كل من قابلها كان مذهولًا تمامًا، فقد كانت كالجندي الخاص المصاحب للجنرال. وهكذا فإن الأهمية التي أعطتها لنفسها كانت واضحة بما فيه الكفاية، مع أنها لم تفسد سحر الحياة بشكل خطير في بيت الموتني. وقد كانت العادة أن يذهب جميع إخوتي وأخواتي ليقدموا لها تحية الصباح بقول «صباح الخير» كل يوم؛ لكننا كرهناها بشدة إلى درجة أنه كان من النادر أن يذهب أحد منا لها قبل الإفطار الذي يُقدَّم في شقتها، وبهذه الطريقة فقدت الكثير من الاحترام الذي كانت مولعة جدًّا به.

من بين إخوتي وأخواتي الأكبر سنًّا كان بعضهم كبيرًا بما يكفي ليكونوا أجدادي، وكان لإحدى أخواتي ابنٌ ذو لحية رمادية. وفي منزلنا، لم يكن هنالك تفضيل للأولاد على البنات، كما يبدو متخيلًا في ألمانيا. فأنا لا أعرف حالة واحدة كان يهتم فيها الأب أو الأم بابن أكثر من ابنة لمجرد كونه ولدًا. إن كل هذا خطأ كبير. فإذا كان القانون يسمح للذكر بامتيازات ومزايا معينة - على سبيل المثال، في مسألة الميراث - فإنه لا يوجد تمييز في المعاملة المنزلية الممنوحة للأطفال. ومن الطبيعي، ومن الناحية

البشرية أيضًا، أن يتم تفضيل طفل واحد على آخر في بعض الأحيان، سواء هنا في هذا البلد أو في تلك الأرض الجنوبية البعيدة، حتى وإن لم يكن هناك اعتراف صريح بذلك. فمع والدي؛ تصادف أن أطفاله المفضلين لم يكونوا من الأولاد، بل اثنتين من أخواتي، شريفة وخولة. وفي أحد الأيام، أطلق أخي الصغير المفعم بالحيوية حمدان - كان كلانا يبلغ حوالي التسع سنوات آنذاك - سهمًا عن طريق الخطأ نحوي، ولكن دون أن يتسبب لي بالكثير من الجروح. وصل الأمر إلى مسامع أبي، فقال لي: «سالمة، ليأتِ حمدان إلى هنا»؛ ووبخ الجاني بعبارات جعلت أذنيه تفقدان الإحساس لأيام.

كان أجمل مكان في بيت الموتني هو البنديلة - التي تقع بالقرب من البحر أمام المبنى الرئيسي - وهي عبارة عن هيكل دائري ضخم مفتوح، حيث كان من الممكن إقامة حفلٍ راقص، لو كانت مثل هذه العادة تثير إعجاب شعبنا. وتشبه هذه البنديلة إلى حدٍّ ما لعبة دوامة الخيل، لأن السقف أيضًا كان دائريًا؛ وكان على شكل خيمة والأرضية والدرابزينات، كلها من الخشب المطلي. وهنا كان والدي العزيز معتادًا على السير صعودًا ونزولًا في ساعة بجبين منحنٍ غارقًا في تفكير عميق. كان يعرج قليلًا؛ في أثناء المعركة ضربت الرصاصة فخذه، حيث استقرت الآن بشكل دائم، مما أعاق مشيته وتسبب له بآلام بين الحين والآخر. كما كان هناك عدد كبير من الكراسي المصنوعة من القصب - عدة عشرات، أنا متأكدة - موجودة حول البنديلة، ولكن إلى جانب هذه الكراسي والمنظار الهائل المتاح للاستخدام العام، لم يكن يحتوي على أي شيء آخر. فقد كان المنظر من موقعنا الدائري رائعًا. اعتاد السلطان على احتساء القهوة هنا مرتين أو ثلاث مرات يوميًا مع عزة بنت سيف وجميع ذريته البالغين. فمن أراد أن يتحدث إلى أبي على انفراد، كان سيجده وحيدًا في هذا المكان في ساعات معينة. وفي مقابل البنديلة كانت السفينة الحربية الرحماني راسية على مدار السنة، وكان الغرض من وجودها هو إيقاظنا مبكرًا عن طريق إطلاق مدفع في شهر الصيام (شهر رمضان)، وأن نراقب مراكب التجديف التي كثيرًا ما استخدمناها. كما وُضعت سارية طويلة أمام البنديلة، وهي معدة لرفع أعلام الإشارة التي تسمح للقوارب والبحارة بالرسو إلى الشاطئ.

أما بالنسبة لقسم الطهي لدينا، فقد ساد الطبخ العربي والفارسي والتركي أيضًا، في بيت الموتني وبيت الساحل. وفي كلا البيتين أمكن إيواء أشخاص من أعراق مختلفة، بجمال خلاب والمناطق الأخرى مُمثلة بشكل كامل. ولكن لم يُسمح لنا إلا باللباس العربي، بينما كان السود يرتدون الزي السواحيلي. فإذا وصلت شركسية بملابسها المرفرفة أو حبشية بلباسها الرائع، فإنهما تضطران إلى التغيير في غضون ثلاثة أيام، وارتداء الملابس العربية المقدمة لهما. وكما هي الحال في هذا البلد، فإن كل امرأة ذات مركز جيد تعتبر القبعة وزوج القفازات من الأساسيات التي لا غنى عنها، وكذلك الحُلي. وفي الحقيقة، تعتبر الحُلي من الأساسيات إلى درجة أن المتسولات يرتدينها أثناء ممارستهن للتسول.

وفي زنجبار التي يقيم فيها وفي قصره في مسقط في عُمان، كان والدي يحتفظ بخزائن مليئة بالعملات الذهبية الإسبانية وعملات غينيا الإنجليزية وعملات لويس الفرنسية؛ كما تحتوي الخزائن أيضًا على جميع أنواع المجوهرات والزينة الخاصة بنساء الأقارب، التي تشتمل على أبسط الأشياء الصغيرة إلى التويجات المرصعة بالألماس، ويُحصل عليها جميعًا بهدف إهدائها. فكلما ازداد عدد أفراد العائلة، عن طريق شراء جارية أخرى أو الولادة - وهو حدث كثير التكرار - لأمير جديد أو أميرة جديدة، يُفتح باب الخزانة، حتى يمكن منح الوافد الجديد بصورة مناسبة وفقًا لرتبته أو مركزه. وعندما يولد طفل جديد، عادة ما يزور السلطان الأم والطفل في اليوم السابع ليهدي الطفل الحُلي. وبالمثل، يُقدِّم للجارية التي وصلت حديثًا المجوهرات المناسبة بعد شرائها بفترة وجيزة، وفي الوقت نفسه يُعين المخصي خادماتٍ لخدماتها الخاصة.

وكان أبي بسيطًا جدًّا، إلا أنه فرض عنايةً فائقة باللباس على أفراد بيته. فلا أحد منا، من الولد الأكبر إلى أصغر مخصي، يمكن أن يظهر أمامه إلا بلباسٍ كامل. وكنا نحن الفتيات الصغيرات نضفر شعرنا إلى ضفائر كثيرة صغيرة ونحيلة، ما يصل إلى عشرين ضفيرة أحيانًا؛ وكانت نهايات الضفائر مربوطة معًا؛ ومن الوسط تتدلى حلية ذهبية ضخمة، مزينة غالبًا بالأحجار الكريمة والتي تتدلى وراء الظهر. أو تُلحق ميدالية ذهبية دقيقة ذات نقش متقن بكل ضفيرة صغيرة، وقد أصبحت طريقةً لتزيين الشعر. وعند حلول وقت النوم لا يُؤخذ منا إلا هذه الحُلي، التي نستعيدها في الصباح التالي. وقبل أن نصبح بالغاتٍ بما يكفي لارتداء الحجاب، كان لنا نحن الفتيات غُرَّة،

وهي نفسها التصفيفة العصرية في ألمانيا حاليًا. وفي صباح أحد الأيام، هربت خلسة من دون الانتهاء من تصفيف شعري، وذهبت إلى والدي من أجل الحصول على حلوى البونبون الفرنسية التي كان يوزعها على أطفاله كل صباح، ولكن بدلًا من تلقي الحلوى التي كنت أتوقعها، طُردت إلى خارج الغرفة بسبب مظهري غير المكتمل، ورجعتُ مع خادم إلى المكان الذي غادرت منه. ومنذ ذلك الحين وصاعدًا حرصت جيدًا على عدم تقديم نفسي من دون زينتي الكاملة أمام مرأى والدي!

ومن بين المقربين لأمي كانت هناك جاريتان شركسيتان مثلها من نفس المنطقة التي أتت منها. والآن، واحدة من زوجات أبي الشركسيات لديها طفلان، خدوج وشقيقها الأصغر ماجد، وقد عقدت والدتهما اتفاقًا مع والدتي على أن من تبقى على قيد الحياة منهما، يجب أن تعتني بأطفال كليهما. ولكن عندما فقد كل من خدوج وماجد والدتهما كانا كبيرين بما يكفي للاستغناء عن مساعدة والدتي. وكان من المعتاد في عائلتنا أن يظل الأولاد تحت وصاية الأم إلى أن يبلغوا سن الثامنة عشرة إلى العشرين، وعندما يبلغ أمير هذه السن يُعلن بأنه بلغ سن الرشد، ذلك بالقول، وتُتخذ الإجراءات عاجلًا أم آجلًا حسب سلوكه الحسن أو السيئ. ثم يُعامل باعتباره رجُلًا، وهو تمييز يتوق إليه الناس في ذلك البلد بقدر ما يتوق إليه الآخرون في أي مكان آخر؛ حيث يحصل في نفس الوقت على منزل وخدم وخيول وما إلى ذلك، إلى جانب إعانة شهرية سخية. وإذن، فقد بلغ أخي ماجد مرحلة الرجولة التي بلغها ليس بالعمر، بل من خلال قبول الآخرين له. فقد كان متواضعًا، وكسب كل القلوب بأسلوبه الساحر والمحبوب. لا يمر أسبوع إلا ويذهب إلى بيت الموتني (لأنه مثل والدته المُتوفاة كان يعيش في بيت الساحل)، وعلى الرغم من أنه أكبر مني بعشرات السنين، إلا أنه لعب معي ألعابًا كما لو كنا في نفس العمر.

وفي أحد الأيام، وصل إلى هناك حاملًا معه أنباءً سارة تفيد أن والده أعلن بلوغه سن الرشد، وأنه منحه منصبًا مستقلًّا ومنزلًا خاصًّا به. وطلب من أمي أن تأتي وتعيش معي، في مسكنه الجديد، كما أرسل لخدوج نفس الرسالة. واعترضت أمي على التماسه المتهور حيث إنها لا يمكن أن تقبل دون موافقة والده، وقالت إنه يتعين عليها بالتالي أن تستشيره أولًا؛ أما بالنسبة إليها، فقد كانت على استعداد كافٍ لتشارك ماجد وخدوج بيتهما

الجديد إذا رغبا في ذلك. لكن ماجد عرض إنقاذ أمي من هذه المشكلة بأن طلب هو بنفسه موافقة السلطان، وفي اليوم التالي، في الواقع - صادف أن كان والدي في «بيت الساحل» - أباح لنا ما رغبنا فيه. وهكذا تقرر انتقالنا. وبعد حديث طويل بين والدتي وماجد، تبين لنا أنه لا ينبغي لنا أن ننتقل بعد بضعة أيام، حتى يتسنى له ولخدوج الوقت الكافي لاتخاذ الترتيبات اللازمة لاستضافتنا.

بيت الواتورو

بعد كل شيء، لم يكن التغيير سهلًا على والدتي. فقد شعرت بارتباط عميق ببيت الموتني، حيث إنها قضت معظم حياتها هناك؛ وبالإضافة إلى ذلك، كانت تكره التجديد. ومع ذلك، فإن فكرة أن تقدم بعض المساعدة لأطفال صديقتها قد فاقت ميولها الشخصية، كما أخبرتني في وقت لاحق. ولم يُعرف قرارها بالانتقال إلا نادرًا، في حين أن الشكوى كانت موجهة إليها من جميع الجهات: «جلفيدان (كان هذا اسم والدتي العزيزة)، هل قلبك مغلق في وجهنا، لتتخلي عنا إلى الأبد؟». فكان جوابها: «آه يا أصدقائي، ليس بإرادتي أن أترككم؛ لكن رحيلي مُقدَّر». لا شك أن بعض القراء سوف ينظرون إليَّ بنظرة شفقة أو يهزون أكتافهم لأنني أقول «مُقدَّر». ربما أبقى هؤلاء الأشخاص حتى الآن آذانهم مغلقة وأبصارهم مغمضة عن إرادة الله، رافضين تجلياته الإلهية بينما سمحوا لمجرد الفرصة بالتأثير الكامل. لا بد بالطبع من الإشارة إلى أن مؤلفة هذا الكتاب كانت في الأصل محمدية، وأنها نشأت على هذا النحو. وعلاوة على ذلك، أنا أتحدث عن الحياة العربية وعن بيت عربي - في عائلة عربية حقيقية - حيث لا وجود لشيئين هما: كلمة «صدفة» وكذلك المادية. فالمحمديون لا يعترفون بالرب على أنه الخالق والحافظ فقط؛ لكنه يدرك كليًا وجود الرب، ويؤمن أن الأمر ليس بإرادته، بل على الرب أن يحكم في جميع الأمور كبيرة كانت أم صغيرة.

مرت عدة أيام ونحن نستعد، ثم انتظرنا عودة ماجد الذي كان سيشرف على رحلتنا شخصيًا. ندمت على مفارقة ثلاثة من رفقائي في اللعب، اثنتين من أخواتي وأحد إخوتي، وقد كانوا تقريبًا من نفس عمري. ومن ناحية أخرى، فرحت كثيرًا لإمكانية توديع مديرة مدرستنا الجديدة القاسية بلا رحمة. وبسبب الانفصال الوشيك، كان مسكننا يشبه خلية نحل ضخمة. الجميع، حسب ظروفهم ودرجة مودتهم، قدموا لنا هدايا الوداع - وهي

عادة شائعة جدًا هناك. ومهما كانت الهدية التي يستطيع أن يقدمها الشخص تافهة، فلا شيء يمنع العربي عن تقديمها للصديق الراحل. أتذكر مثالًا على ذلك. ذات يوم - كنت فتاة صغيرة للغاية حينها - بعد زيارة إحدى المزارع، كنا على وشك بدء رحلة العودة إلى الوطن إلى بيت الموتني في قواربنا. فجأة شعرت بهزة خفيفة في كمي، وعندما استدرت رأيت امرأة حجمها صغير زنجية وعجوزًا. ناولتني شيئًا ملفوفًا بأوراق الموز، قالت: «هذا لك يا سيدة، تكريمًا لرحيلك؛ إنه أول ما نضج في قطعة أرضي». وعندما فتحت الأوراق بسرعة، وجدت رأس ذرة قُطف حديثًا. لم أكن أعرف المرأة الزنجية العجوز، ولكن بعد ذلك عرفت أنها كانت من مفضلات والدتي منذ زمن طويل.

حسنًا، وصل ماجد أخيرًا، مُعلنًا بأنه طلب من قائد الرمحاني أن يرسل لنا زورقًا تابعًا للسفينة في المساء التالي وقاربًا آخر للأمتعة والمرافقين. وصادف تواجد والدي في بيت الموتني يوم مغادرتنا، فذهبنا إلى البندلية متوقعين العثور عليه هناك. كان يمشي بخطى مدروسة صعودًا ونزولًا، وعندما رأى والدتي تقترب، تقدم للقائها. وسرعان ما انغمسا في محادثة مفعمة بالحيوية تتطرق إلى الرحلة، وقد أمر السلطان مخصيًا في تلك الأثناء بإحضار بعض الحلويات والشربت، ربما لإيقاف أسئلتي الدائمة. وكما يمكن تخيله بسهولة، كنت متحمسة للغاية وفضولية حول منزلنا المستقبلي، وفي الحقيقة حول كل ما يتعلق بحياة المدينة. فحتى ذلك الحين، لم أزر المدينة إلا مرة واحدة، ولكن لفترة قصيرة جدًا، لذلك كنت بصدد التعرف على الكثير من الإخوة والأخوات، وزوجات الأب. وفي نهاية المطاف أخذنا أنفسنا إلى شقق صاحبة الرفعة والجلالة عزة بنت سيف، التي أقرت بلطف بأنها ستتخلى عنا، تنازلًا من جانبها، إذا جاز التعبير، لأنها عادة ما تستقبل وتطرد الناس وهي في وضع الجلوس. وقد حظينا

أنا وأمي بامتياز لمس يدها الرقيقة بشفتينا - وإدارة ظهورنا للسيدة إلى الأبد. ثم صعدنا إلى الطابق العلوي ونزلنا لنودع أصدقاءنا، ولكن كان نصفهم بالكاد موجودًا، لذلك صممت والدتي على العودة في الساعة التالية للصلاة، لتتأكد من رؤيتهم جميعًا.

وفي الساعة السابعة مساءً، ظهر زورقنا الكبير - الذي يُستخدم فقط في المناسبات الخاصة - أمام البندلية. وكان محروسًا من قبل عشرات البحارة، كما أتذكر، وفي مؤخرة الزورق، وكذلك في مقدمته عُلق علم قرمزي عادي، رايتنا، التي لا تحمل أي نمط أو أي نوع من الرموز. كان الجزء الخلفي من الزورق مغطى بمظلة واسعة، وتحت وُضِعت وسادات حريرية، ربما تسع عشرة أشخاص. وقد جاء جوهر العجوز، وهو مخصي يثق به والدي، لإبلاغنا بأن كل شيء جاهز؛ فقد أُمِر هو ومخصي آخر بمرافقتنا من قبل السلطان، الذي كان يراقبنا من البندلية. شاهدنا أصدقاءنا على الباب بأعين باكية، وصوتهم الحزين الهاتف بـ«الوداع! الوداع!» يرن في أذنَي إلى هذا اليوم.

شاطئنا ضحل نوعًا ما، ولم تكن لدينا أي منصة رسو من أي نوع. ولكن كانت هنالك ثلاث طرق للوصول إلى القوارب. يكون ذلك من خلال الجلوس على كرسي ينقله بحارة أقوياء؛ أو الركوب على ظهر أحدهم؛ أو ببساطة السير عبر لوح من الرمال الجافة إلى حافة المركبة، وهذه هي الطريقة التي اختارتها والدتي، إلا أنها كانت تتلقى المساعدة على كلا الجانبين من مخصي يخوض في الماء. حملني مخصي آخر ووضعني في المؤخرة مع أمي وجوهر العجوز. أضاء الزورق بمصابيح ملونة، وما إن بدأنا الرحلة حتى بدأ المجدفون بغناء ترنيمة إيقاعية بطيئة، حسب العادات العربية. كنا نتحاشى خط الساحل كالعادة، بينما نمت أنا نومًا عميقًا. استيقظت على أصوات كثيرة تنادي باسمي. شعرت بالدهشة، مع أنني كنت نصف نائمة، لاحظت أننا وصلنا إلى وجهتنا. وتوقف القارب تقريبًا تحت نوافذ بيت الساحل؛ كانت مضاءة ببراعة ومليئة بالمتفرجين، معظمهم إخوتي وأخواتي وزوجات أبي الذين لم أعرفهم بعد. وكان بعض الأطفال أصغر مني سنًا، ولا يقل حرصهم على التعرف عليَّ عن حرصي؛ كانوا هم الذين نادوني بصوت عالٍ جدًا عند ظهور الزورق. وقد جرى النزول بالطريقة نفسها التي جرى بها الركوب. استقبلني إخوتي الشباب بقدر من الحماس والإصرار أيضًا على ضرورة مرافقتهم في الحال؛ لكن أمي رفضت

بالطبع، وإلا فإن خدوج، التي كانت تنتظر عند نافذة منزلها، ستصاب بخيبة أمل بسبب التأخير. ومن الأكيد أني حزنت لعدم السماح لي بالذهاب مع إخوتي وأخواتي على الفور بعد أن كنت أتطلع إلى هذه اللحظة السعيدة لفترة طويلة، ومع ذلك كنت أعرف والدتي جيدًا بما يكفي لأكون مدركة بأنها لن تغير رأيها؛ وعلى الرغم من محبتها الشديدة التي لا تُضاهى لي، فإنها كانت دائمًا ثابتة وحازمة. وفي هذه الأثناء، هدأتني بوعدها لي بأن تأخذني إلى بيت الساحل ليوم كامل عند عودة والدي إلى هناك.

وهكذا انتقلنا إلى بيت الواتورو، بيت ماجد، الذي كان قريبًا جدًا من بيت الساحل، المُطل بشكل رائع على البحر، ووجدنا أختي خدوج تنتظرنا عند أسفل الدرج. لقد رحبت بنا بحرارة في بيت الواتورو، وقادتنا إلى شقتها، حيث سرعان ما جلب لنا الخدم جميع أنواع المرطبات. وبقي ماجد وأصدقاؤه في غرفة الانتظار، ولم يُسمح لهم بالصعود إلى أن ترسل خدوج إذنًا بطلب من أمي. وكم كان مسرورًا ذلك النبيل الرائع ماجد لقدرته على الترحيب بنا في منزله!

كان حجم غرفتنا معقولًا، وكانت تطل على مسجد مجاور. كما أنها مؤثثة كمعظم الغرف العربية، ولم نجد شيئًا ينقصنا. كانت غرفة واحدة كافية لنا؛ حيث يرتدون هناك في الليل نفس الملابس التي يرتدونها في النهار، ويمكن للأشخاص ذوي الرتبة الرفيعة شديدي النظافة أن يستغنوا بسهولة عن الغرف المخصصة للنوم. حيث يرتب أصحاب الثراء والامتياز مساكنهم على النحو التالي:

تغطي السجادات الفارسية أو المنسوجة بأناقة، والحصائر الناعمة، الأرض. وتنقسم الجدران السميكة المطلية باللون الأبيض إلى مقصورات تمتد بشكل عمودي من الأرض إلى السقف، وتحتوي هذه المحاريب على طبقات من الأرفف الخشبية المطلية باللون الأخضر، مشكلة سلسلة متعاقبة من الأقواس. وعلى الأقواس توضع أكثر القطع الزجاجية والصينية فخامة وتكلفة، في ترتيب متماثل. فالعربي لا يكترث بما ينفقه على تزيين محرابه؛ فإما أن يضع طبقًا مطليًا بشكل رائع أو مزهرية لطيفة الشكل أو قطعًا زجاجية مقطوعة بدقة، فإذا كان شكلها جيدًا يشتريها. ويبذل جهدًا

لإخفاء المساحات العارية للجدار بين الحجرات. كما أن هناك مرايا طويلة، تمتد من أسفل الغرفة إلى السقف؛ وعادةً ما تُطلب من أوروبا، مع تحديد الأبعاد بدقة. ويستنكر المحمديون تعليق الصور باعتبارها محاولة لتقليد الخلق الإلهي، ولكن فقد هذا الاستنكار مؤخرًا حدته إلى حدٍّ ما. ومن ناحية أخرى، تُعتبر الساعات رائجة للغاية، ففي منزل واحد غالبًا ما يرى المرء مجموعة كاملة؛ فبعضها يوضع أعلى المرايا وبعضها على شكل أزواج في كلتا الجهتين.

وفي غرف السادة تُزين الجدران بالغنائم من الأسلحة القيمة من بلاد العرب وفارس وتركيا، والتي يزين بها كل عربي منزله بمقدار ما يملك من مرتبة وثراء. وثمة سرير مزدوج كبير من خشب الورد، مزين بنقوش رائعة هندية شرقية، ويوضع في الزاوية، ويكون مغطى كليًّا بالحرير الرقيق الشفاف الأبيض أو الشاش. وللأسرَّة العربية أرجل طويلة جدًّا؛ وللصعود عليها بأريحية يُركب على كرسي أولًا، أو عن طريق الاستعانة بخادمة الغرفة. وكثيرًا ما يُستخدم الحيز الموجود تحت السرير لأغراض النوم أيضًا، على سبيل المثال، من قبل ممرضات الأطفال أو المرضى. وكانت الطاولات نادرة جدًّا، ولا توجد إلا في حوزة الشخصيات العليا، مع أن الكراسي شائعة، نوعًا وكمية. كما أن دواليب الملابس والخزائن وما شابهها من الأثاث غير مألوفة، ولكن يوجد نوع من الصناديق بدرجين أو ثلاثة ومكان سري على الجانب للمال والمجوهرات. وهذه الصناديق الحديدية - يوجد العديد منها في كل غرفة - كبيرة وضخمة ومرصعة بمئات من المسامير الصغيرة ذات الرؤوس النحاسية كنوع من الزينة. كنا نترك النوافذ والأبواب مفتوحة طوال اليوم، ولا نغلق النوافذ على الإطلاق إلا لفترة وجيزة عندما تمطر. ومن ثم فإن عبارة «أشعر بتيار هواء» غير معروفة في ذلك البلد.

في البداية لم يناسبني مسكني الجديد على الأقل؛ افتقدت إخوتي وأخواتي الصغار كثيرًا، وكان بيت الواتورو يبدو ضيق الأفق ومحصورًا في مخيلتي عندما أفكر في بيت الموتني الهائل. «هل سأعيش هنا إلى الأبد؟»، ظللت أسأل نفسي باستمرار في الأيام القليلة الأولى؛ «وهل عليَّ أن أبحر بقواربي في حوض الغسيل؟»، لأنه لم يكن هناك نهر موتني، لذلك كان لا بد من إحضار الماء من بئر خارج المنزل. عندما نصحتني أمي الطيبة الجيدة التي كانت تحب التخلي عن كل ما تملك بأن أقدِّم

المراكب الشراعية اللطيفة التي كنت مولعة بها إلى إخوتي وأخواتي في بيت الموتني، لم أستمع إليها. باختصار، شعرت بمشاعر لم أشعر بها من قبل، تعاسة كبيرة وكنت متألمة جدًا. لكن والدتي كانت عند مبادئها. وبالنسبة لعلاقتي مع خدوج، كانت مشغولة طوال اليوم بالتخطيط وتسوية شؤون المنزل، لذا لم أرها كثيرًا. أعطاني ماجد أكبر قدر من الاهتمام؛ وفي اليوم الذي تلا وصولي أخذني من يدي وأراني بيته بالكامل من الأعلى إلى الأسفل. أنا فقط لا أستطيع أن أرى شيئًا يستحق الإعجاب؛ في الواقع توسلت إلى والدتي بكل قوة أن تعود معي في أقرب وقت ممكن إلى بيت الموتني وإلى رفقائي المعتادين. لكن كان ذلك طبعًا غير وارد، وخصوصًا أنها كانت مفيدة في مقرها الجديد.

وسعدت بكون ماجد محبًا للحيوانات، حيث كان يحتفظ بمجموعة كبيرة ومتنوعة منها. وقد تسببت أرانبه البيضاء بإزعاج والدتي وخدوج انزعاجًا مخيفًا، حيث إنهم دمروا المنزل الجديد. كما كان لديه عدد من الديوك المقاتلة من كل بقعة من بقاع الأرض؛ مجموعة غنية لم يسبق رؤيتها حتى في حديقة الحيوان. لذا اعتدت على مرافقة ماجد كلما زار حيواناته الأليفة، وقد سمح لي بلطفه بالمشاركة فيما يتسلى فيه. ولم تنقض فترة طويلة قبل أن أصبح مالكة - من خلال لطفه - لجيش حقيقي من الديوك المقاتلة التي جعلت من وجودي المنعزل في بيت الواتورو أكثر سهولة في التحمل. في كل يوم تقريبًا كنا نحشد أبطالنا، نسوقهم أمامنا ويأخذهم العبيد بعد ذلك. فمعركة الديوك ليست بأي حال من الأحوال عملًا مملًا؛ فالمتفرج ينجذب تمامًا، ويقدم كل شيء على شكل عرضٍ مسلٍ، وأحيانًا مضحك.

وفي وقت لاحق، علمني ماجد المبارزة بالسيف والخنجر والرمح، وعندما كنا نذهب إلى البلاد معًا كنا نتدرب على إطلاق النار بالمسدس والبندقية. وهكذا تطورت إلى شيء شبيه بالمرأة المحاربة، مما أثار استياء والدتي كليًا، التي رفضت تمامًا المبارزة وإطلاق النار. ولكنني كنت أفضل كثيرًا التلاعب بهذه الأسلحة على الجلوس ساكنة لساعات متتالية فوق الإبرة أو البكرة. في الواقع، كانت مساعيَّ الجديدة إلى جانب الحرية الكاملة - لم أحصل على خليلة أخرى لي بعد - ما رفع معنوياتي بسرعة، حتى بدأ نفوري السابق من انعزالي في بيت الواتورو بالتلاشي. لم

أهمل الفروسية؛ فأمر ماجد المخصي مسرور أن يتابع تعليمي الذي بدأه. وكما قلت، لم يكن لدى والدتي وقت كافٍ لتخصصه لي على انفراد، إذ كانت خدوج تحتكرها كثيرًا. وكانت النتيجة أنني ألصقت نفسي بدرجات متفاوتة بحبشية جديرة بالثقة؛ كان اسمها نورين، وتعلمت منها بعضًا من اللغة الحبشية، على الرغم من أنني نسيتها منذ زمن بعيد.

بقينا على اتصال دائم مع بيت الموتني، حيث استقبلنا أصدقاؤنا بكرم الضيافة. وإلا فقد ظللنا على اتصال من خلال الرسائل الشفهية التي يرسلها العبيد. فالناس لا يهتمون بالمراسلة في الشرق، حتى لو كانوا يعرفون الكتابة. فكل شخص هناك يمتلك ثروة ومحطة بها العديد من العبيد، وعدَّائين جيدين متخصصين لنقل الرسائل. فالعدَّاء لا بد أن يكون قادرًا على الركض خلال مساحة كبيرة من الأراضي في يوم واحد، ولكنه يتلقى على نحو غير عادي معاملة حسنة ورعاية جيدة؛ بناءً على تقديره ونزاهته - حيث يؤتمن بأكثر المسائل سرية - وتعتمد رفاهيته على مالكيه. ففي بعض الأحيان، يدمر رسول من هذا النوع وبدافع الانتقام علاقات صداقةٍ كادت تدوم مدى الحياة. على أية حال، حث هذا قلة من الأفراد على تعلُّم الكتابة، مما جعلهم مستقلين عن عبيدهم مدى الحياة؛ لا يوجد مكان يحمل مصطلح «السهل» أهمية أعمق مما هو عليه مثل بلدنا.

كانت أختي خدوج مولعة جدًا بالصحبة؛ لم يكن بيت الواتورو يشبه في كثير من الأحيان شيئًا بقدر ما يشبه برج الحمام. لا يكاد يمر يوم من الأسبوع إلا ويكون المنزل مليئًا بالزوار من الساعة السادسة صباحًا حتى الثانية عشرة ليلًا. وكان الخدم يستقبلون الضيوف الذين يصلون عند الساعة السادسة من الضحى وينوون البقاء طوال اليوم، ثم يحضرونهم إلى شقة مخصصة ينتظرون فيها حتى الساعة الثامنة أو التاسعة قبل أن تستقبلهم سيدة المنزل. وخلال الفترة الفاصلة بين وصولهن واستقبالهن الرسمي، كانت أولئك الزائرات يقضين الوقت في تعويض ساعات النوم الضائعة في الغرفة المذكورة.

وُجِدت عاطفة وثيقة بيني وبين ماجد، إلا أنني لم أملك مشاعر مشابهة تجاه خدوج. فهي مستبدة وتتصيد الأخطاء، إن شخصيتها مختلفة بدرجة كبيرة عن شخصية أخيها؛ ولم أكن الوحيدة في نظرتي هذه بخصوص عدم

وجود تشابه بينهما، إذ إن كل من كان يعرف الاثنين كان مدركًا جيدًا أيهما الودود. لم تكن معتادة على أن تكون لطيفة، بل كانت عدائية نحو الغرباء، وبالتالي كانت تكتسب أعداءً بدلًا من الأصدقاء. وكانت تشعر بنفور قوي من كل ما هو جديد أو أجنبي؛ وعلى الرغم من حسن ضيافتها الشهير، فإنها كانت شديدة التملق إذا أرسلت إليها سيدة أوروبية، على الرغم من أن مثل هذه الدعوة لن تدوم إلا نصف أو ثلاثة أرباع الساعة على الأكثر. أعترف أنها كانت ربة منزل جيدة وذكية، ولا تعرف إلا القليل من الفراغ، وإذا وُجِد بين يديها أي وقت فراغ فإنها تخيط وترتق بإمعان شديد ملابس أطفال عبيدها الصغار بطريقة تشبه انكبابها في العمل أوقاتًا أخرى على قمصان أخي ماجد. وأتذكر أن ثلاثة من هؤلاء الأولاد كانوا أولادًا صغارًا مبتهجين، والذين عمل والدهم عمل المهندس المعماري في خدمتنا. وكانوا أصغر مني ببضعة أعوام، ولكن بسبب عدم وجود رفقاء من عمري، أصبحوا رفقاء لعبي الدائمين، إلى أن تعرفت أخيرًا على إخوتي وأخواتي الآخرين في بيت الساحل.

بيت الساحل

أخيرًا وصل اليوم الذي كنت أنتظره بشدة - ذلك اليوم الذي أقضيه كله في بيت الساحل حيث كانت تأخذني والدتي وخدوج. كان يوم جمعة - يوم الأحد المحمدي - غادرنا منزلنا في وقت مبكر جدًا من الصباح، ربما في الساعة الخامسة أو السادسة. ومع ذلك، لم تكن المسافة التي سنذهب إليها بعيدة، حيث بالكاد تبلغ مائة خطوة.

ولم يقدم لنا البواب العجوز المخلص، ولكن العدواني بشكل لا يطاق أي شيء سوى التحية. واشتكى من أنه كان واقفًا على رجليه الضعيفتين طوال الساعة الماضية وهو يجيب على الزوار من النساء. كان عبدًا نوبيًا ينتمي لوالدي، كانت لحيته قد ابيضت في سنوات خدمته المشرفة: أقول «لحية» عن قصد، لأن الرجال العرب عادةً ما يحلقون رؤوسهم. كان والدي متعلقًا به كثيرًا، خاصةً وأن هذا العبد أنقذه ذات مرة من ارتكاب فعل متسرع ربما يندم عليه طوال حياته، وذلك من خلال إخراجه لسيفه ليتصدى لسيف والدي عندما كان على وشك أن يضرب رجلًا أثار غضبه. لكننا نحن الأطفال الصغار لم نكن نحترم فضائل هذا الرجل العجوز، ففي ذروة مرحنا غالبًا ما كنا نقوم بالحيل الشقية على هذا الخادم العجوز الكفء. كنا مغرمين بشكل خاص بتجريده من مفاتيحه، وأعتقد أنه لم تكن هناك غرفة في بيت الساحل لم تُخبأ فيها المفاتيح من وقت لآخر. وبدا أنه لدى أحد إخوتي الصغار مهارة خاصة في إخفاء تلك المفاتيح في أماكن لم نكن نتوقعها نحن المتآمرون.

عند صعودنا من الطابق الأرضي إلى الطابق الأول، وجدنا أن سيدات المنزل جميعًا مفعمات بالحيوية ونشيطات، فقط شديدات التقوى، منهن من كن مستغرقاتٍ في عباداتهن الصباحية، وبالتالي كن غير مرئيات للعالم

الخارجي. ولا أحد يفكر في إزعاج محمدي أثناء أداء الصلاة تحت أي ظرف من الظروف، لا، حتى لو اشتعلت النيران في المنزل. وبالمناسبة، كان والدنا من المصلين الورعين، لذلك اضطررنا إلى الانتظار حتى ينتهي من صلاته. وقد جرى ترتيب زيارتنا عمدًا بحيث تتزامن مع وجوده في بيت الساحل، والذي نجم عنه هذا الاجتماع غير المعتاد. ولا ينبغي تخيل أن النساء اللاتي كن مجتمعاتٍ يُعتبرن صديقاتٍ لنا أو معارف. بل على العكس من ذلك، كانت بعضهن غريباتٍ عنا تمامًا، وأغلبهن أتين من عُمان، وطننا الأم الافتراضي، ليطلبوا من والدي المساعدة المادية، والتي نادرًا ما تُرفض. إن بلدنا الأم فقير كأقربائنا هناك، وازدهارنا يرجع في الحقيقة إلى غزو والدي لجزيرة زنجبار الغنية.

إذا كان القانون يحظر بشكل عام على المرأة إقامة أي اتصال شخصي مع رجل غريب، فإنه يضع استثناءين لصالح الحاكم والقاضي. والآن، بما أن الآلاف والآلاف يجهلون تمامًا الممارسة الخطية، وبالتالي لا يمكنهم تقديم التماساتهم كتابيًا، فلم يتبقَّ شيء لمثل هؤلاء المحتاجين سوى أن يأتوا هم أنفسهم، حتى لو كان عليهم القيام بالرحلة الصغيرة من آسيا إلى أفريقيا. وفي جميع الأحوال، كان والدي يمنح مقدمي الالتماسات وفقًا لرتبهم ووضعهم، متجاهلًا مضايقة الفقراء بالكثير من الأسئلة، كما جرت العادة في أوروبا. وكان من المفترض ألا يذهب أحد لطلب المساعدة من الآخرين بقصد التسلية، وأنا أجرؤ على القول بأن هذا ينطبق في كثير من الأحيان على ألمانيا أيضًا.

وكان إخوتي وأخواتي - سواء كانوا يعرفونني من قبل أو لا - ودودين للغاية في ترحيبهم، وأكثرهم خولة المثالية، العزيزة على ذاكرتي إلى الأبد. وحتى

تلك اللحظة كانت مشاعر قلبي الشاب مكرسة بالكامل لأمي اللطيفة، ولكنني الآن ابتدأت أعبد ملاك النور هذا أيضًا. وسرعان ما أصبحت خولة مثلي الأعلى؛ وكانت تحظى بإعجاب كبير من قبل الآخرين، وكانت ابنة سيد سعيد المفضلة. فكل من يحكم عليها بشكل حيادي وغير واضح يشعر بأنه ملزم بالاعتراف بجمالها الخلاب الاستثنائي؛ فكيف يمكن لإنسان ألا يعي تمامًا سحر جمالها؟ لم يحتوِ بيت الساحل على أي شخص كاره في أي من الأحوال. ولم يكن لأختي هذه نظير في عائلتنا، وكان مظهرها الحسن يُضرب به المثل بشكل إيجابي. على الرغم من أن العيون الجميلة ليست بنادرة على الإطلاق في الشرق - كما يجب على الجميع أن يدركوا - فإنها كانت تُدعى بنجمة الصباح. وذات مرة، تسبب زعيم عربي من عُمان في إلحاق الأذى بنفسه من خلال الوقوع عميقًا تحت سطوة سحرها. ففي أثناء مشاجرة صورية، حدثت أمام منزلنا، رآها القائد في النافذة، فافتُتن جدًّا بمظهر خولة إلى درجة أنه نسي كل شخص وكل ما يخصه، وفي هذه الحالة الغرامية زرع رأس رمحه في قدمه، دون أن يلاحظ الدم ولا يشعر بأي ألم، حتى استيقظ من حلمه السعيد من قبل أحد إخوتي.

بيت الساحل أصغر نسبيًا من بيت الموتني، وهو أيضًا يقع بالقرب من البحر؛ هناك شيء سعيد ومسر في المكان ينعكس على السكان. تتمتع جميع غرف المعيشة في بيت الساحل بإطلالة خلابة على المياه والسفن. حسنًا، أتذكر المشهد الساحر. أبواب غرف المعيشة - جميعها في الطابق العلوي - مفتوحة على شرفة طويلة وعريضة، وهي أروع ما رأيت في حياتي على الإطلاق. وللشرفة سقف مدعوم بأعمدة تصل إلى الأرض، ولها درابزين بطولها الكامل. فوُضعت كراسي عديدة وعُلقت المصابيح الملونة التي كانت تعطي المنزل في الليل مشهدًا من مشاهد الخيال. فعندما تنظر إلى الأسفل من فوق الدرابزين إلى الفناء - أكثر بقعة حيوية ومثيرة يمكن تخيلها - ترى الاتصال بالطابق العلوي عن طريق درجين كبيرين. كان الوضع بين الصعود والنزول، النزول والصعود، طوال النهار والليل، وغالبًا ما كان هنالك حشد من الناس عند أسفل السلم أو في قمته بحيث كان يصعب الوصول إليهم.

في ركن الفناء، كانت الماشية تُذبح وتُسلخ وتُنظف بكميات كبيرة كافية بغرض أن يستفيد منها المنزل، والذي يجب أن يوفر لحومه الخاصة، شأنه

شأن أي منزل في زنجبار. وفي ركن آخر يجلس الزنوج برؤوسهم الحليقة، وبالقرب منهم العديد من السقائين الكسولين المستلقين على الأرض، والذين لا يولون نداءاتهم العاجلة من أجل الحصول على الماء أي اهتمام حتى يأتي مخصي ذو بدن قوي ويكرههم على نحو غير سار بالقيام بعملهم. لقد عرفت هؤلاء السادة العاطلين في البداية، وهم يذهبون بعيدًا مثل البرق بأباريقهم بمجرد عبوس رؤسائهم. وبالقرب من الممرضات كانوا يتشمسون مع أتباعهم الصغار الذين كانوا يبتهجون بسماع الحكايات الخيالية والقصص. كان المطبخ أيضًا في العراء، وكان الدخان يتصاعد بحرية إلى السماء كما يتخيل، لأنه لم يكن هناك وجود للمداخن. وكان الصراع والاضطراب هما القاعدة بين مجموعة من عفاريت الطهي، ويقوم رئيس الطهاة بتوزيع الضربات بسخاء على جانبي رأس المشاكسين أو على خدام المطبخ المتلكئين من كلا الجنسين. وفي مطبخ بيت الساحل تُطبخ الحيوانات بالكامل، رأيت سمكة يحملها اثنان من السود الأقوياء؛ السمك الصغير لا يؤخذ إلا إذا كان بملء سلة، ولا الطيور إلا بالعشرات. كان الطحين والأرز والسكر تُحسب بالجملة بالأكياس، في حين أن الزبدة المستوردة من الشمال، وخصوصًا من جزيرة سُقطرى، تأتي في عبوات وزن كل واحدة منها مائة. وكانت التوابل توزن فقط بالرطل. وما كان مدهشًا أكثر أيضًا هو كمية الفاكهة المستهلكة. كل يوم كان ثلاثون أو أربعون أو حتى خمسون رجلًا يحملون على ظهورهم حمولة من الفاكهة، فضلًا عن الشحنات التي تنقلها القوارب الصغيرة التي تزود المزارع على طول الشاطئ. ولعلي لا أقدم أي تقدير مبالغ فيه إذا ما وضعت في تقديراتي أن استهلاك بيت الساحل اليومي من الفاكهة قد يصل إلى مقدار استهلاك عربة القطار الحديدية؛ ولكن في بعض الأيام، على سبيل المثال، أثناء حصاد المانجو، يكون الطلب أكبر. وكان العبيد المكلفون بهذه المهمة غير مهتمين للغاية؛ فكانوا يضعون السلال الثقيلة من فوق رؤوسهم بعنف على الأرض، بحيث يصاب نصف محتوياتها أو يسحق.

كان المكان محميًا من البحر بجدار طويل يبلغ سمكه اثنتي عشرة قدمًا، وعندما يكون المد منخفضًا كانت بعض الخيول المربوطة أمام هذا الجدار تتدحرج في الرمال وتمتع نفسها. وكان والدي شديد التعلق بخيوله الأصيلة من عُمان؛ كان يراها بانتظام، وإذا مرض أحدها كان يذهب إلى الإسطبل ويتأكد من أنه تلقى العناية اللائقة. وأستطيع إثبات شغف العرب

بخيولهم المفضلة حيث كان أخي ماجد مثالًا على ذلك. كان يمتلك فرسًا بنية جميلة للغاية، وكان تواقًا للغاية من أن يكون لها مهر. لذلك، عندما حان الوقت المُترقب، أصدر أوامر بإخطاره بالولادة في أي ساعة كانت. وهكذا، استيقظنا بالفعل من الفراش في إحدى الليالي في حوالي الساعة الثانية لنعلم بالحدث السعيد. وقد تلقى ناقل البشارة هدية رائعة من سيده الفرح. ولكن هذه ليست حالة استثنائية؛ حيث يُقال إن حب الخيول الشديد لا يزال قويًا في شبه الجزيرة العربية.

بين التاسعة والنصف والعاشرة، غادر إخوتي الأكبر شقتهم لتناول وجبة الإفطار مع والدي، حيث لا يُسمح بمشاركة أي جارية، مهما كانت مفضلة لدى السلطان. فإلى جانب أبنائه وأحفاده - الذين تجاوزوا مرحلة الطفولة - كان الشخصان الوحيدان اللذان قُبلا على المائدة هما زوجته الشرعية عزة بنت سيف وشقيقته عائشة. لا يُلاحظ التمييز الاجتماعي في الشرق على نحو أكثر حدة كما يحدث عند تناول الطعام؛ يكون الشخص ودودًا للغاية ولطيفًا تجاه الضيوف، تمامًا مثل أصحاب المراكز العليا هنا في أوروبا، أو ربما أكثر من ذلك، على الرغم من أن المرء يستبعدهم في الوجبات. إن هذه العادة قديمة جدًا بحيث لا يستاء أحد منها. وفي زنجبار، كان للجاريات نظام من الامتيازات الفرعية. فقد رفضت الشركسيات الجميلات الثمينات، المدركات تمامًا لمزاياهن ولقيمتهن الفائقة، أن يجلسن إلى الطاولة مع النساء الحبشيات ذوات البشرة البنية. وهكذا فإن كل عرق، وفق فهم ضمني، اكتفى بمن ينتمي إليه عند تناول الطعام.

وفي بيت الساحل، خطر لي أن سكان هذا المكان هم أكثر سعادةً من بيت الموتني. والسبب هو أن عزة بنت سيف كانت لها السيادة في بيت الموتني على الزوج وأولاد الزوج وأمهاتهم، باختصار؛ على الجميع، بينما في بيت الساحل، حيث نادرًا ما تظهر عزة، شعر الجميع ومن غير استثناء والدي، بالحرية وعدم التقييد. أعتقد أن والدي قدر حقًا هذه الحرية بشدة، لأنه لم يرسل لسنوات أي شخص إلى بيت الموتني للإقامة الدائمة إلا بطلب من ذلك الشخص، على الرغم من أن هذا المكان كان دائمًا ما يحتوي على غرف خالية، والآخر كان مزدحمًا. وقد أدى الاكتظاظ السكاني الذي تحدثت عنه أخيرًا إلى الكثير من الإزعاج لوالدي، إلى درجة أنه تطرق لفكرة وضع الأجنحة الخشبية على الشرفة الواسعة لتخدم السكان

كغرف معيشة؛ وفي نهاية المطاف، بنى منزلًا آخر على ساحل البحر على بعد بضعة أميال شمال بيت الموتني وقد أسماه بيت الرأس، وقد صُمم خصيصًا لجيل بيت الساحل الجديد.

ولو بحث رسامٌ عن مادة غنية لريشته لوجدها في شرفة بيت الساحل. في البداية، كانت هنالك ثمانية أو تسعة ألوان مختلفة للوجه يجب أخذها بعين الاعتبار، كما كانت الألوان والظلال العديدة للملابس التي يتعين ارتداؤها توفر أكثر التباينات وضوحًا. ولم تكن الضجة والصخب أقل نشاطًا. وكان الأطفال من مختلف الأعمار يتعاركون ويتشاجرون ويتقاتلون؛ الصراخ وتصفيق الأيادي - الذي حل محل عادة رن الجرس الغربية - للخدم، كانوا يترددون باستمرار؛ صندل النساء الخشبي الضخم والسميك والمرصع أحيانًا بالفضة أو الذهب، كان يسبب جلبة مزعجة. نحن الأطفال استمتعنا بتداخل الألسنة بشكل هائل. كان من المفترض أن تكون اللغة العربية هي اللغة الوحيدة التي يُتحدث بها، وفي حضور السلطان كان يُطاع الحكم على الدوام؛ ولكن ما إن يدير ظهره حتى ينقلب الوضع إلى وابل من اللهجات الفارسية، والتركية، والشركسية، والسواحيلية، والنوبية، والحبشية. ومع ذلك، لم يعترض أحد لمجرد بلبلة، سوى بين الحين والآخر ويكون ذلك غير نافع، وكان والدنا العزيز معتادًا على ذلك تمامًا، ولم يعترض قط.

وهنا إذن، في الشرفة، اجتمعت أخواتي يوم زيارتي. كُن يرتدين ملابس احتفالية بمناسبة يوم الأحد الخاص بنا ومجيء سيد سعيد؛ كانت الأمهات يصعدن وينزلن أو يقفن في مجموعات، يتحدثن ويضحكن ويمزحن ببراعة شديدة إلى درجة أن من لا يعرف البلاد ما كان ليتوقعهن زوجات الرجل نفسه. وعلى الأدراج دوى رنين الأسلحة التي يحملها إخوتي، الذين جاءوا أيضًا ليروا والدهم، في الواقع، ليقضوا اليوم كله معه.

وسادت الرفاهية والتبذير أكثر مما كانت عليه الحال في بيت الموتني، ووجدتُ النساء هنا أفضل مظهرًا من هناك، حيث كانت أمي المرأة الشركسية الوحيدة. ومن ناحية أخرى، كانت غالبية زوجات السلطان من الشركس، اللواتي دون شك أفضل شكلًا من الحبشيات، على الرغم من أنه يمكن رؤية أوجه جمال رائعة من بينهن أيضًا. وبالطبع أثارت هذه الميزات

الطبيعية الحسد والحقد على الجانب الآخر: ستُتجنب الشركسية النبيلة، هذا إذا لم تُكره - مع أنها لم تسئ إلى أحد سوى الحبشيات من كن بلون الشوكولاتة لمجرد أنها كانت تبدو مبجلة. وفي ظل هذه الظروف كان من الطبيعي أن تظهر الكراهية العرقية السخيفة بين الأولاد. على الرغم من فضائل الحبشيات، عادةً ما تكون لهن نزعة انتقامية وحاقدة، وعندما تمر بموجة غضب فإنها لا تتخطى حدود الاعتدال فقط وإنما الأدب أيضًا. وأطلقت علينا أخواتنا ممن كان الدم الحبشي يسري في عروقهن، نحن بنات الشركسيات مُسمًّى «القطط»، لأن بعضنا ولسوء الحظ كن من ذوات العيون الزرقاء. وكُن ينادينا بـ«شُموك» من باب السخرية وكدليل إضافي لسخطهم على مجيئنا إلى العالم ببشرة بيضاء. ولم يسامحن والدي على اختيار ابنتيه شريفة وخولة لتكونا ابنتيه المفضلتين من قبيلة القطط البغيضة.

وفي ظل حكم عزة بنت سيف الجائر، كانت الحياة في بيت الموتني تتسم بطابع شبيه بالدير إلى حدٍّ ما؛ وفي بيت الواتورو شعرت بأنني لا أزال وحيدة؛ لذلك كنت أتمتع ببهجة وحركة في بيت الساحل. وتُحضَر ابنتا أخي الصغيرتان، ابنتا أخي خالد، كل صباح من منزلهما إلى بيت الساحل - يُرجعان في المساء - حتى تتمكنا من أخذ دروسهما مع أعمامهما وعماتهما الصغار، وللعب معهم بعد ذلك. وكانت خورشيد، والدة أخي خالد، الشركسية بالولادة، امرأة غير عادية جدًّا. حيث كانت تتمتع بجسد بطولي، جمعت بين القوة الخارقة والذكاء المتطور، ولا أذكر أني كنت أضعها على قدم المساواة مع أفراد جنسي. وفي إحدى المناسبات التي مثل فيها خالد والدي، خلال فترة غيابه، قيل إنها حكمت بلادنا وكان خالد دميتها. وبالتأكيد كانت مشورتها لا تقدر بثمن لعائلتنا وكانت قراراتها بالغة الأهمية. كانت عيناها شديدتي الحدة والملاحظة وكأنهما أعين آرجوس المائة. وفي الأمور المهمة أظهرت حكمة لسليمان. ولكنها كانت بغيضة بالنسبة للأطفال الصغار، فتجنبوها مسرورين.

أقبل المساء أخيرًا، وبدأنا نفكر في العودة إلى بيت الواتورو. ولكن فجأة أعلن والدي أمرًا أثار فزع أمي الشديد، وهو أنني يجب أن أستأنف دروسي. ناشدتهُ والدتي حول استحالة العثور على مربية مناسبة، فأصدر والدي مرسومًا يقضي بجلبي إلى بيت الساحل كل صباح وإعادتي إلى

بيت الواتورو في المساء، مثل ابنتي أخي؛ لذلك ينبغي أن أتلقى تعليمي مع إخوتي وأخواتي هناك. وبالنسبة لي، كان هذا الخبر مزعجًا للغاية: فقد كنت جامحة جدًّا وراغبةً في الحصول على أي متعة بدلًا من الجلوس بلا حراك؛ بالإضافة إلى أن آخر معلماتي أفسدت متعتي بالدروس كليًّا. إلا أن مكوثي مع إخوتي وأخواتي طيلة اليوم - باستثناء يوم الجمعة - أراحني، خاصة وأن أختي الفاتنة خولة عرضت أن تتولى مسؤوليتي وأن تعتني بي. وهذا ما فعلته كأم. حزنت أمي الحقيقية كثيرًا على أمر والدي بإبعادنا عن بعض لمدة ستة أيام في الأسبوع، لكنها اضطرت بالطبع إلى الإذعان. وطلبت مني أن أظهر نفسي أكثر من مرة خلال اليوم في مكانٍ معين، وبهذا تستطيع أن تلقي نظرةً عليَّ من بيت الواتورو وتلوح بتحياتها.

ذكريات إضافية عن الطفولة

لقد أحببت بيت الساحل أكثر وأكثر، لتمتعنا بحرية خاصة بنا بدرجة أكبر من بيت الواتورو. كما أننا لم نفوِّت الكثير من الفرص للعب الحيل السخيفة، وعندما كنا نُعاقب نتيجةً لذلك، كنت أفضل من الآخرين، بسبب طبيعة خولة الطيبة للغاية.

كنا نملك العديد من الطواويس الجميلة، وكان أحدها ذا طبع كريه ولم يكن يتحملنا نحن الأطفال. وفي أحد الأيام، وبينما كان خمسة منّا يعبرون من بيت الساحل إلى بيت الثاني - وهو ملحق للأول - هاجم الطاووس المعني فجأة أخي جمشيد بشكل عنيف. انقضضنا جميعًا على الوحش وهزمناه، ولكننا كنا غاضبين جدًّا إلى درجة أننا فكرنا في ألا ندعه يذهب دون تنبيهه لسوء تصرفه. فتوصلنا إلى انتقام شنيع، واقتلعنا ريش ذيل الطائر الأكثر جمالًا. ويا له من حطام مثير للشفقة كان لذلك الجمال المتكبر آنذاك! ولحسن الحظ أن والدنا كان في بيت الموتني ذلك اليوم، وأُغلقت القضية بحلول الوقت الذي عاد فيه.

وأذكر شركسيتين انضمتا إلينا، من مصر، وأننا نحن الأطفال لاحظنا كيف كانت إحداهما في الواقع متعالية، فقد كانت تتجاهلنا تمامًا. وقد جرح هذا الأمر كبرياءنا؛ ولذلك حاولنا أن نضع خطة ما لإهلاك الجانية. لم يكن الوصول إليها أمرًا سهلًا، لأنها كانت تتجنبنا، ولم نكن نتعامل معها قط. ولكن هذا الأمر زاد من غضبنا، خاصة وأنها كانت أكبر منا ببضع سنوات فقط. وذات يوم، وجدنا الباب مفتوحًا أثناء مرورنا بغرفتها. كانت تجلس على سرير سواحيلي هش، مصنوع من أشياء صغيرة أخرى وحصيرة مربوطة بحبال بأربع أعمدة. كانت تغني لنفسها بمرح بعض الأغاني الوطنية. كانت أختي شوان زعيمة عصابتنا؛ أعطتنا نظرة، كنا نحن باعتبارنا ننتمي

إلى نفس العشيرة سريعين في فهمها. وفي لحظة هجومنا إلى الداخل، استولينا على السرير من زواياه الأربع، رفعناه إلى أعلى بقدر استطاعتنا، ثم تركناه يصطدم بالأرض مرة أخرى، ما أثار رعبها الشديد. لقد كانت حيلة طفولية، لكن كان لها مغزًى يبررها، وهو علاج ضحيتنا من عدم اكتراثها تجاهنا إلى الأبد، حتى إنها بعد ذلك أصبحت ودودة. وهكذا تحقق هدفنا.

ولكن في بعض الأحيان، كنت أقوم ببعض المقالب وحدي. ذات مرة، وبعد وقت قصير من انتقالنا إلى بيت الواتورو، خاطرت بحياتي في مغامرة فكاهية من هذا النوع. ذات صباح تمكنت من الهروب، وتسلقت نخلة جوز الهند الطويلة بسرعة كالقط ومن دون مساعدة بنغو، وهو الحبل القوي الذي لا يمكن للمتسلقين الخبراء الاستغناء عنه. وبعد أن قطعت نصف المسافة إلى الأعلى، بدأت وبكل وقاحة بتوجيه تحياتي إلى المارة. ويا للخوف الذي عاشوه! تجمع مجموعة من الأشخاص المذعورين حول الشجرة، طالبين مني أن أنزل بأقصى مستوى من الحذر الذي يمكنني التحلي به. كان من غير الوارد أن يُرسل أي شخص من أجلي؛ عند تسلق النخيل، تكون يدا الشخص مشغولتين بالكامل، ولا يمكن للمرء أن يعتني بطفل غير نفسه. ومع ذلك، كنت مستمتعة بشكل كبير، واستمر ذلك حتى خاطبتني أمي بلهجة يائسة محطمة للقلب ووعدتني بكل أنواع الأشياء الجميلة، هل يمكنني أن أضمن النزول بأمان، وهو ما فعلته أخيرًا، بالانزلاق إلى الأسفل بتأنٍّ كبير، واصلةً إلى الأرض بأمان. وفي ذلك اليوم دُللت من قبل الجميع؛ كانت الهدايا تغدق عليَّ لسلامتي من الخطر، مع أنني كنت أستحق حقًا جلدًا قاسيًا. كنا دائمًا نلعب بعض الحيل أو غيرها، لا عقاب يردعنا عن استمرار شقاوتنا. كان هناك سبعة منا، ثلاثة أولاد وأربع فتيات، أبقينا المنزل نابضًا بالحياة، وفي كثير من الأحيان، يا للأسف، أوقعنا أمهاتنا المسكينات في ورطة.

ومن حين إلى آخر، أبقتني والدتي العزيزة في البيت في يوم آخر غير يوم الجمعة، وهي الفرص التي اغتنمها ماجد المتساهل لتدليلي تمامًا. وفي إحدى تلك المرات، نشر الرعب فينا. فقد كان عرضة لتشنجات متكررة، حيث كان نادرًا ما يُترك دون عناية، إن لم يكن قط. حتى لو أخذ حمَّامًا، فإن أمي وخدوج، اللتين كانت ثقتهما في الخدم محدودة، تولتا مهمة مراقبة الباب وتبادل بعض الكلمات معه من وقت إلى آخر، عندما كان ينهمك بمتعة هاتفًا بعبارته المفضلة «ما زلت حيًّا!» وهكذا، وفيما كانت خدوج تسير ذهابًا وإيابًا خارج باب الحمَّام ذات يوم، سمعت فجأة صوتًا مكتومًا ثقيلًا في الداخل. وعندما دخلت المكان وهي في حالة اضطراب شديد، وجدت أخي الحبيب ملقى على الأرض في خضم هجوم عنيف - وهو أسوأ ما عاناه على الإطلاق. بعدها أرسل رسول على متن سفينة إلى بيت الموتني لاستدعاء والدي.

وكان سكان زنجبار مولعين بالشعوذة بسبب جهلهم بالأمراض بشكل عام؛ والآن وبعد أن أصبحت على دراية بالعلاج الطبيعي والعقلاني للأمراض من قبل الأطباء الأكفاء، أشعر برغبة شديدة بالاعتقاد بأن العديد من الوفيات في المنزل لا بد أنها كانت بسبب الأساليب الطبية الهمجية وليس المرض. ولسوء الحظ مع فكرة الإيمان التام بـ«قدرنا»، لا أعرف كيف كان ينبغي أن ندعم حزننا على الوفيات العديدة التي حدثت بين أفراد أسرتنا وخدامنا. أجبر ماجد المسكين، الذي بقي فاقدًا للوعي لساعات بسبب تشنجاته إلى تنفس هواء كان من شأنه أن يضر بصحة أي إنسان. وعلى الرغم من محبتنا لتهوية الداخل بالهواء الطلق النقي، يُعزل الشخص المريض إذا أُشتبه في زيارته من قبل الشيطان بعيدًا عن الجو الخارجي، وتُطهر غرفته والمنزل بأكمله بالدخان.

وصل السلطان بعد حوالي ساعة من احتجاز ماجد، في متوبي، وهو زورق صيد صغير يتسع لشخص واحد فقط. وأسرع إلى البيت، ومع أنه كان أبًا لأكثر من أربعين طفلًا، لكنه كان يتأثر تأثرًا شديدًا عند مرض أحدهم. انهمرت دموع مريرة على وجنتيه وهو يقف على فراش المريض، صارخًا: «آه يا الله، آه يا الله، احفظ ابني!»، هكذا صلى بلا انقطاع. فاستمع الله إلى استغاثته، وأعاد لنا ماجد.

وعندما سألت والدتي السلطان عن سبب قدومه في مثل هذا المركب البائس، أجاب: «في اللحظة التي وصل فيها الرسول، لم يكن هناك قارب من أي نوع جاهز على الشاطئ، ولم يكن من الممكن الحصول على أي منها دون الإشارة إليه أولًا. لم يكن لديَّ متسع من الوقت، ولم أرغب حتى في الانتظار حتى يُسرج الحصان. وفي تلك اللحظة لمحتُ صيادًا في متوبي بالقرب من البندلية؛ حييته، رفعت ذراعيَّ وقفزت إلى الداخل ثم انطلقت على الفور». يجب أن تعرفوا أن المتوبي ليس سوى جذع شجرة مجوف، يفترض أن يحمل شخصًا واحدًا ويُدفع بواسطة مجداف مزدوج بدلًا من مجاديف. ضيق وقصير ومدبب في القوس، لذلك يختلف عما يُعرف في ألمانيا باسم «زورق جرينلاندا». وفي هذا البلد أيضًا كان يبدو أنه من الغريب أن يغرق الرجل في التفكير قلقًا حول حياة ابنه حيث إنه ينبغي أن يفكر في أسلحته. حسنًا، العادات تختلف حول العالم. أما بالنسبة للأوروبيين فإن ولع العربي بأسلحته غير مفهوم، وعلى هذا فإن العقل العربي يجد صعوبة كبيرة في فهم بعض الأعراف في الشمال. يخطر لي الآن حالات سكر الذكور هنا على سبيل المثال.

وهكذا كنت أذهب إلى المدرسة كل يوم في بيت الساحل، وأعود كل مساء إلى أمي في بيت الواتورو. وبعد أن تعلمت عن ظهر قلب حوالي ثلث القرآن، كان من المفترض أن أنتهي من المدرسة وأنا في سن التاسعة. ومنذ ذلك فصاعدًا أصبحت أذهب إلى بيت الساحل أيام الجمعة - يوم حضور والدي هناك - بصحبة والدتي وخدوج.

واصلنا العيش بقناعة في بيت الواتورو لمدة عامين. لكن لا يمكن توقع أن تدوم الأوقات الجيدة؛ فعادةً ما تعكر بعض الحوادث غير المتوقعة وغير المرغوبة صفو المرء. كما كان في حالتنا.

كان سبب النزاع في أسرتنا مخلوقًا لم يكن من الممكن أن يكون أكثر سحرًا ومحبة. عائشة، قريبة لنا من بعيد، كانت قد أتت مؤخرًا من عُمان إلى زنجبار، وسرعان ما تزوجها ماجد. كنا جميعًا مخلصين لها، وقد ابتهجنا جميعًا بسعادة ماجد، باستثناء أخته خدوج، التي يؤسفني بشدة أن أعترف بأنها ظلمت عائشة، منذ البداية وحتى النهاية. كانت عائشة كما أشرت ساحرة من جميع النواحي؛ وكانت شابة يافعة حتى إنه كان يجب على خدوج أن ترشدها لزرع الوقار فيها تدريجيًا. لكنها عاملتها بازدراء

وعداوة. وكان زواجها من ماجد سببًا في حصول عائشة على المرتبة الأولى في العائلة؛ ومع ذلك، كانت خدوج تحاسبها حتى إن المسكينة ذات الروح الطيبة كانت تذهب وتبكي عند والدتي، لتشكو من هذه المعاملة غير المبررة. فتحول وضع والدتي لتكون بين نارين، إذا جاز التعبير، وضع صعب جدًّا ولا تحسد عليه. رفضت خدوج التخلي عن أي من حقوقها الوهمية، وواصلت النظر إلى عائشة على أنها طفلة غير مسؤولة. عبثًا حاولت أمي تصحيح آرائها، وجعلها تعترف بمكانة زوجة ماجد؛ وتوسلت إليها عبثًا لتجنيب ماجد أي إزعاج، من أجل مصلحتها الخاصة. ومع ذلك ذهب هذا كله عبثًا. وأصبح وجودنا في بيت الواتورو الذي كان مقبولًا في يوم من الأيام لا يحتمل، ومن أجل تجنب مكان وقوع الجدال الدائم قررت والدتي مغادرة المنزل الذي أحبته جدًّا.

لم يسمع ماجد وزوجته بمغادرتها، إذ لم يعز رحيلنا على عائشة؛ ومن ناحية أخرى، بقيت خدوج دون حراك، الأمر الذي ساهم في تقوية عزم والدتي. وفي النهاية شعرت عائشة بأنها لم تعد قادرة على تحمل الأساليب الاستبدادية التي تتبناها خدوج، فحصلت على الطلاق من ماجد. والمسكينة أبقت تجاربها البائسة في زنجبار في قلبها بحيث لا تريد أيًّا من البلد أو سكانه. ثم عادت إلى عُمان عند هبوب الرياح الجنوبية، حيث كانت خالتها تسكن في حي في مسقط وهي العاصمة، بعد وفاة والديها. أما أنا وأمي فقد خُطط لترحيلنا منذ فترة وهاجرنا إلى بيت الثاني. كانت أختي خولة سعيدة لأننا كنا الآن تقريبًا تحت سقفها؛ وهي في الواقع من أمنت ورتبت مقرنا الجديد.

كانت منازل السلطان مزدحمة جدًّا بحيث لم يكن من السهل الحصول على غرف، وتدريجيًّا نشأت عادة الاعتماد على الشواغر من خلال الموت. وكان من المقزز حقًّا أن ترى امرأة تُنصت جيدًا عند سعال امرأة أخرى، وكأنها تتمنى الموت لها. تبدو مثل هذه الأفكار خاطئة، ولكنها كانت طبعًا بسبب الاكتظاظ. أنا وأمي مدينتان لخولة لأننا حصلنا على غرفة جيدة وكبيرة في بيت الثاني من دون الحاجة إلى انتظار موت شخصٍ ما. ولم نعد نرى خدوج إلا نادرًا الآن؛ لقد شعرت بالإهانة لتغييرنا مكان إقامتنا، واتهمت والدتي بعدم التعاطف معها، بشكل خاطئ تمامًا، مؤكدةً على ذلك. ولكن والدتي ببساطة لم تكن قادرة على تحمل اضطهاد خدوج للفتاة التي كان

جرمها الرئيسي أنها أصبحت زوجة ماجد. لكنه استمر في زيارتنا، وبقي أحد أعز أصدقائنا.

ويقع بيت الثاني على مقربة من بيت الساحل، وكان متصلًا به بواسطة جسر يمر فوق وسط حمّام تركي يقع في منتصف الطريق بين الاثنين. وفي الوقت الحالي، لم يبقَ من بيت الثاني سوى ذكرى بهاءٍ مضى. في طابقه الأول، عاشت ذات مرة أميرة فارسية اسمها شيزادة. كانت إحدى زوجات والدي الشرعيات وذات جمال خلاب. ويقال إنها كانت مسرفة جدًا، ومع ذلك عُرف عنها أنها كانت تعامل أولاد زوجها بلطفٍ شديد. احتل مائة وخمسون فارسًا فارسيًا الطابق الأرضي، يشكلون حاشيتها المتواضعة؛ كانت تركب معهم إلى الصيد في وضح النهار، والذي كان، بحسب المفاهيم العربية، فعلًا مبالغًا فيه. حيث يبدو أن المرأة الفارسية تتلقى نوعًا من التعليم الإسبارطي؛ وأن لديهن قدرًا من الحرية يفوق ما لدينا، لكنهن أكثر خشونة في تفكيرهن وسلوكهن.

وقيل لي إن شيزادة عاشت حياة مليئة بالترف. وكانت ملابسها - التي صُممت على الطراز الفارسي - مخيطة باللآلئ الحقيقية من الأعلى إلى الأسفل؛ وإذا وجدت خادمة، عند كنسها للغرف أيًا منها على الأرض، فإن الأميرة ترفض دائمًا أخذها. ولم تكتفِ بنهب خزينة السلطان بأريحية، بل إنها تجاوزت القوانين المقدسة. فقد تزوجت والدي من أجل ثروته، بينما كان قلبها مع شخصٍ آخر. وذات يوم، وفي خضم غضبه، أوشك السلطان على سفك دمها، حتى قام خادم مخلص بثني ذراعه، منقذًا شيزادة من الموت ووالدي من ارتكاب خطأ فظيع. لا شيء غير الطلاق كان ممكنًا بعد ذلك؛ ولحسن الحظ كان زواجهما خاليًا من الأطفال. وبعد عدة سنوات كان السلطان يقاتل الفرس في بندر عباس، على الخليج الفارسي، عندما، كما ذكر، شوهدت شيزادة الجميلة مع القوات المعادية، تصوب النار نحو أفراد عائلتنا.

وفي منزل الأميرة السابق بدأت تعلم الكتابة بمفردي، وبطريقة بدائية جدًا. وبطبيعة الحال كان ينبغي أن يتم ذلك في الخفاء، لأن النساء لا يتعلمن الكتابة أبدًا، وأي معرفة قد يكتسبنها يجب عليهن عدم الكشف عنها. في أول درس أخذت القرآن، وحاولت أن أقلد الحروف على عظمة لوح كتف

جمل، والذي كان بمثابة السبورة في زنجبار. وألهمني النجاح بالتشجيع - فأحرزت تقدمًا سريعًا. ولكن في نهاية المطاف احتجت إلى بعض التوجيه في فن الخط الصحيح، لذا فقد منحت أحد عبيدنا «المتعلمين» شرف العمل بصفته أستاذ الكتابة الخاص بي. وبطريقة ما انكشف الأمر، وانهمر عليَّ سيل من التوبيخ. ولكن لم أكترث لأيٍّ منه!

الفردية الوطنية

لقد سُئلت مرارًا وتكرارًا: «كيف يمكن للناس على وجه الأرض أن يعيشوا في بلدكم، دون أن يفعلوا شيئًا؟». وللسؤال ما يبرره بما فيه الكفاية من وجهة نظر الشماليين، الذين ببساطة لا يستطيعون تخيل الحياة من دون عمل، وهم مقتنعون بأن الشرقية لا تحرك أصابعها الصغيرة أبدًا، وإنما تقضي معظم وقتها حالّة في مكان الحريم المنعزل. بالطبع، تختلف الظروف الطبيعية في كل أنحاء العالم، وهي التي تتحكم في أفكارنا وأعرافنا وعاداتنا. ففي الشمال يضطر المرء إلى بذل مجهود من أجل العيش، وبصعوبة شديدة أيضًا، إذا أراد أن يتمتع بالحياة، ولكن يُعتبر الجنوبيون منعمين إلى حدٍّ كبير. وأكرر كلمة «منعمين» لأن الحرص في التوفير عندهم نعمة لا تقدر بثمن؛ فالعرب، الذين غالبًا ما تصفهم الكتب بأنهم كسولون إلى حدٍّ مفرط، مقتصدون بشكل ملحوظ، وربما لا يوجد مثل هذا الحرص في التوفير لدى أحدٍ آخر غير الصينيين. فالطبيعة نفسها هي التي فرضت أنه يمكن للجنوبيين ممارسة العمل، في حين أنه يجب على الشماليين أن يعملوا. ويبدو أن دول الشمال شديدة الغرور، وتنظر بافتخار وازدراء إلى شعوب المناطق الاستوائية - وهو ليس تفكيرًا جديرًا بالثناء. وفي الوقت نفسه، لا يدركون أن نشاطهم في أوروبا إجباري تمامًا لإنقاذهم من الهلاك بمئات الآلاف. الأوروبي ملزم بالعمل - هذا كل شيء؛ لذلك ليس من حقه اعتبار عمله هذا فضيلة عظيمة. أليس الإيطاليون والإسبان والبرتغاليون أقل عملًا من الألمان والإنجليز؟ فما سبب هذا التحامل؟ ببساطة لأن الصيف عند أولئك أطول من الشتاء، وبالتالي فإن الكفاح من أجل البقاء أقل. فالمناخ البارد يعني أنه على المرء أن يزود نفسه ويؤمنها ضد جميع أنواع الحوادث غير المتوقعة والحقائق غير المعروفة تمامًا في البلدان الجنوبية.

وتلعب الرفاهية نفس الدور في كل مكان. فمن يملك المال والهوى سيجد الفرصة لإشباع نزواته، بغض النظر عن مكان وجودهم على الكرة الأرضية. إذن لنترك هذا الموضوع كما هو، ونقتصر على ضرورات الحياة الحقيقية. إذا كان الطفل المولود حديثًا في هذا البلد يحتاج إلى كمية من الأشياء لحماية وجوده الهش من شدائد المناخ المتغير، ويكون الطفل الصغير ذو البشرة البنية في الجنوب عاريًا تقريبًا، وينام بسهولة في حين يُهوى من قبل تيار دائم من الهواء الدافئ. وإذا كان طفل يبلغ من العمر عامين في ألمانيا يحتاج إلى حذاء وجوارب وبناطيل صغيرة وزوجين من التنورات الداخلية وفستان ومعطف وقفازات ووشاح وأطواق وغطاء رأس وقبعة من الفراء، سواء كان طفل مصرفي أو عامل - فالجودة هي كل ما يختلف - ويتألف زي أمير ملكي في نفس العمر في زنجبار من شيئين، قميص وقبعة. إذن لماذا يجب على الأم العربية، التي تكون مطالبها لنفسها ولطفلها قليلة جدًا، أن تبذل نفس الجهد الذي تبذله ربة منزل ألمانية؟ حيث إنها لم تسمع قط عن القفازات والجوارب وممارسة الأعمال المتعددة الخاصة بطفل أوروبي مرة في الأسبوع.

وأحد الأعمال التي تُمارس من قبل العائلة الأوروبية ونجهله نحن هو: يوم الغسيل. ففي زنجبار نغسل كل يوم ما يحتاج إلى غسيل، وفي غضون نصف ساعة تجف جميع الأشياء وتضغط (لا تُكوى) وتوضع بعيدًا. ونحن أيضًا نستغني عن الستائر، التي بالإضافة إلى كونها مزعجة وتحجب نور الشمس، يجب أن تبقى نظيفة وصالحة. فالمرأة الشرقية، مهما كانت رتبتها، قليلًا ما تتمزق ملابسها، وهذا أمر عادي جدًا، لأنها لا تتحرك كثيرًا وترددها على الطرقات العامة قليل وتمتلك ملابس أقل.

كل هذا إلى جانب العديد من الاعتبارات الأخرى، من شأنه أن يساعد في جعل المرأة الشرقية أكثر قدرة على التحمل وأكثر راحة من نظيرتها الأوروبية، دون اعتبار للمكانة الاجتماعية بشكل خاص. ولكن من أجل التعرف على تفاصيل حياتهن اليومية، لا بد من قضاء بعض الوقت معهن. والسياح، الذين يقضون فترة قصيرة فقط في تلك المناطق، والذين ربما يحصلون على معلوماتهم من النُدُل في الفنادق، نادرًا ما يعتبرون شهودًا موثوقين. والسيدات الأوروبيات اللواتي دخلن حريمًا بالفعل، ربما في القسطنطينية أو في القاهرة، ما زلن غير مطلعاتٍ على الحريم الحقيقي؛ فقد عرفنه من الخارج فقط من خلال الغرف الظاهرة ذات المسحة الأوروبية جزئيًا. بالإضافة إلى ذلك، فإن المناخ كريم وسخي للغاية بحيث لا يحتاج المرء إلى القلق من الغد. لا أنكر أن هناك أناسًا يميلون إلى التساهل، ولكن ليتذكر المرء حرارة شهري يوليو وأغسطس في أوروبا، ليتصور تأثير الشمس الاستوائية على الشخص.

والعربي لا يميل إلى التجارة والصناعة؛ فهو لا يهتم إلا بالزراعة والحرب. إن قلة من العرب ينخرطون في حرفة أو مهنة خاصة؛ وعندها يصبحون تجارًا غير مبالين، على الرغم من أن كثيرًا منهم يجب عليه ممارسة المقايضة؛ لكن يبدو أنهم يفتقرون إلى حس الساميين المتعلق بالأعمال التجارية. إن التوفير الذي يمارسه العرب يُمكنهم من تغطية نفقاتهم بسهولة، وقاعدة العربي هي ألا يفكر إلا في الحاضر القريب. فهو لا يخطط أبدًا للمستقبل البعيد، لأنه يعرف أن أي يوم قد يكون هو الأخير بالنسبة له. وهكذا تنساب الحياة في الشرق بسلاسة وسهولة. ومع ذلك، لا أصف الآن سوى الحياة في زنجبار وعُمان، اللتين تختلفان من نواحٍ عديدة عن غيرهما من البلدان الشرقية.

إن يوم المحمديين منظم - إن لم يكن أكثر مما ينبغي - من خلال عبادته الدينية. فهو يثني ركبته خمس مرات في اليوم أمام الله، وإذا قام على نحو ملائم بالوضوء وتغيير اللباس وفقًا لحكم الكتاب المقدس، فسيستهلك ثلاث ساعات كاملة. ويوقظ الأغنياء ما بين الرابعة والخامسة والنصف للصلاة الأولى، وبعد ذلك يعودون إلى فراشهم، لكن عامة الناس يبدأون عملهم اليومي بعد صلاتهم الأولى. وفي مسكننا الذي حاول فيه مئات النزلاء اتباع أهوائهم الشخصية، كان من الصعب الحفاظ على قواعد ثابتة،

على الرغم من فرض وقت الوجبتين الرئيسيتين والعبادات لنظام منهجي. ثم يعود معظمنا إلى النوم حتى الساعة الثامنة، وعندها تُوقظ النساء والأطفال فقط من قبل خادمة بطريقة لطيفة وودية. ويُجهز الحمَّام بماءٍ من الينابيع العذبة وتُجهز الملابس التي سنرتديها كذلك، والتي نُثرت أزهار الياسمين والبرتقال عليها في الليلة السابقة، وهي الآن معطرة بالعنبر والمسك. ولا يوجد مكان في العالم يُستخدم فيه الحمَّام البارد ويُقدر أكثر منه في الشرق. وبعد ارتداء الملابس التي عادة ما تستغرق ساعة، نذهب جميعًا لرؤية والدنا ونتمنى له صباحًا سعيدًا بقول «صباح الخير» ثم نتناول الوجبة الأولى. ونُستدعى للطعام بواسطة طبل، ولكن بما أن الطاولة كانت جاهزة مسبقًا تمامًا، فقد كان وقت تناول الطعام أقل بكثير مما هو عليه حسب الطريقة الأوروبية.

وعندما تبدأ أنشطة اليوم الفعلية، يستعد السادة لقاعة الجلسات، في حين أن السيدات - غير الملزمات بالعمل - كن يجلسن قرب نوافذهن، ليشاهدن المارة في الشارع أسفلهن، ويتلقين نظرات خاصة قد تُلقى عليهن أحيانًا. وقد وفر هذا قدرًا كبيرًا من الترفيه؛ وفي بعض الأحيان فقط كانت الأم أو العمة الحذرة تستطيع إبعادهن عن هذه الزاوية. وهكذا تمر ساعتان إلى ثلاث ساعات بسرعة. وفي هذه الأثناء تُتبادل الزيارات بين السادة، وترسل السيدات الخدم بمواعيدهن الشفهية في المساء. غير أن الأشخاص ذوي التفكير الرصين ذهبوا إلى شققهم جيدة التهوية حيث كانوا، إما وحدهم أو في مجموعات صغيرة، يقومون بأشغال التطريز وخياطة الحجاب والقمصان، أو السراويل بالقماش الذهبي، أو القميص الخاص بالزوج أو الابن أو الأخ بالحرير الأحمر أو الأبيض الذي يحتاج إلى مهارة خاصة. أما الباقي فيقرأون القصص أو يزورون الأصدقاء المرضى أو الأصدقاء الأصحاء في غرفهم أو يهتمون بشؤون شخصية أخرى. حتى تبلغ الساعة الواحدة. ويأتي الخدم ليذكرونا بالصلاة الثانية. كانت الشمس في أوجها آنذاك، لذلك كان الجميع سعداء بافتتاح الجزء الأول من فترة ما بعد الظهر مرتدين ثوبًا رقيقًا باردًا، جالسين على حصيرة ناعمة منسوجة بشكل جميل مع وجود نقوش مقدسة عليها. وبين الغفوة والدردشة وقضم الفاكهة أو الكعك، يمر الوقت بسعادة كبيرة حتى الساعة الرابعة، عندما نصلي للمرة الثالثة؛ وتتبع ذلك فترة تجهيز أكثر تفصيلًا، ثم نذهب مرة أخرى للسلطان، لكي نتمنى له مساءً سعيدًا بقول «مساء الخير». يُسمح

للأطفال الكبار بأن ينادوه «أبي»، لكن الأطفال الصغار وأمهاتهم كان عليهم مخاطبته بـ«سيدي».

والآن تأتي الوجبة الثانية والأخيرة من اليوم، والتي تجتمع فيها العائلة. وعند إنهائها، كان الخصيان يحملون الكراسي الأوروبية ويضعونها على الشرفة العريضة، ولكن فقط للبالغين؛ ويقف الصغار دليلًا على احترامهم فارق العمر، الذي يحظى بتوقير أكبر من أي مكان آخر. ويتجمع أفراد العائلة حول السلطان، فيما كان صف من الخصيان الأذكياء المسلحين يصطفون في الخلف. وكانت القهوة تمرر في كل مكان، بالإضافة إلى المشروبات التي تُعد من الفواكه الفرنسية. كان الحديث مصحوبًا بآلة أرغن ضخمة، وهو أكبر جهاز رأيته على الإطلاق؛ وبغرض التغيير يجري تشغيل أحد أكبر الصناديق الموسيقية أو يُطلب من فتاة عربية عمياء تُدعى عمرة، كانت موهوبة وذات صوت جميل، أن تغني.

وفي غضون ساعة ونصف تقريبًا تتفرق العائلة، وكل واحد يتبع ما يشغله. وكان مضغ التنبول هواية مفضلة، وهي عادة سواحيلية، لا يجد فيها عرب شبه الجزيرة العربية لذة؛ ولكن الذين وُلدوا منا على الساحل الشرقي لأفريقيا وتربوا بين الزنوج والخلاسيين تعودوا على هذه العادة بسهولة، على الرغم من السخرية من أقاربنا الآسيويين. ولكن كنا نمضغ التنبول خلسةً بعيدًا عن السلطان، الذي حرَّم هذه الممارسة.

وفي خضم ممارسة أنشطة متنوعة، تمضي الفترة القصيرة المتبوعة بغروب الشمس، والتي يُعلن عنها بإطلاق نيران البنادق وقرع الطبول من قبل الحرس الهندي. ويُفعل مثل ذلك أيضًا إشارةً للصلاة. وتؤدى الصلاة الرابعة بسرعة تفوق سرعة صلوات اليوم الأخرى، لأن كل من لا ينوي القيام بالزيارات ينتظر ضيوفًا في المنزل - الأخوات، وزوجات الآباء، وأبناء الزوج، والجاريات. وللترفيه، كانت هناك القهوة والليمون والكعك والفواكه والمرح والضحك والقراءة بصوت عالٍ ولعب الورق (ولكن ليس من أجل المال أو أي شيء آخر) والغناء والاستماع إلى الزاس التي يعزف عليها زنجي والخياطة والتطريز والدانتيل - كلٌ وما يرغب فيه.

لذا من الخطأ تمامًا الافتراض أن المرأة الشرقية الغنية ليس لديها ما تفعله. صحيح أنها لا ترسم ولا تعزف على البيانو ولا ترقص (كما هو مفهوم هنا). ولكن هذه ليست الطرق الوحيدة الموجودة لتمضية الوقت. هناك في الأسفل كنا جميعًا راضين؛ بالنسبة لنا، إن السعي المحموم والدائم وراء الملذات والمتعة الجديدة غريب جدًا. لذلك من وجهة النظر الأوروبية، قد يُنظر إلى الشرقي بلا شك على أنه ضيق الأفق.

وعندما يحل الليل ونصرف الخدم الذكور، الذين يعيشون مع عائلاتهم في مساكن منفصلة بعيدة عن البيت. كانت مصابيح الزيت عادة ما تُترك مشتعلة، ويتم إطفاء الشموع فقط. فقد تلاشت عادة إرسال الأطفال الذين تتجاوز أعمارهم عامين للنوم في ساعة معينة؛ حيث يختارون وقت نومهم، وغالبًا مكانهم الخاص للنوم، إذ إنه من حين لآخر يتعين على العبيد نقلهم برقة وبأقل قدر ممكن من الضوضاء إلى أسرَّتهم الصغيرة. فكل من لم يخرج ولم يستقبل زوارًا، ينسحب عمومًا عند الساعة العاشرة، مع أن البعض فضلوا التمتع بالهواء على سطح منبسط مكسو جيدًا حتى منتصف الليل. وفي نحو الساعة السابعة والنصف كان من المفترض أن تقام الصلاة الخامسة والأخيرة. ولكن في هذه الحالة فقط يصبح من المرجح أن يكون للمرء صحبة، أو أن يكون منشغلًا؛ ولذلك توجد قاعدة تسمح بتأجيل الصلاة الأخيرة حتى وقت النوم. وتذهب النساء الثريات للنوم بمساعدة امرأتين من العبيد؛ حيث تكرر إحداهما عملية التدليك، في حين تحرك الأخرى المروحة. وتُغسل القدمان بماء الكولونيا وهو الأكثر إنعاشًا. ربما ذكرت أن النساء يبقين مُرتديات جميع ملابسهن، بما في ذلك المجوهرات.

وبالعودة إلى قسم الطهي، يجب أن أعطي بعض التفاصيل حول ترتيبات تناول الطعام في قصر والدي في زنجبار. لم يكن لدينا غرفة طعام خاصة، لكن كنا نتناول وجباتنا في الشرفة. وهناك كان الخصيان منتشرين على طول السفرة مع الطعام الخاص بالوجبة كلها. وتشبه السفرة إلى حدٍّ ما طاولة البلياردو في الشكل؛ ولكن ارتفاعها لا يتجاوز بضع بوصات، وحول الجزء العلوي تمتد حافة واسعة. ونمتلك الكثير من الأثاث الأوروبي - الصالات والطاولات والكراسي، وحتى بعض خزانات الملابس - إلا أننا نجلس لنتناول الطعام على الطريقة الشرقية الحقيقية، وعلى سجادات أو حصيرة مبسوطة على الأرض. وتُراعى الأسبقية في الجلوس حسب الرتبة بدقة، إذ كان السلطان في المقدمة؛ وبالقرب منه كان الأولاد الكبار والأولاد الصغار (فوق سن السابعة) موجودون في النهاية.

كان لدينا العديد من الأطباق، غالبًا ما يصل عددها إلى خمسة عشر. كان الأرز يشكل الغذاء الأساسي في كل وجبة، وكانت التحضيرات المختلفة له رائجة. وقد كان اللحم والضأن والدجاج الطعام المفضل. كما أكلنا السمك، والخبز الشرقي، والمعجنات المتنوعة، والحلويات. وعلى عكس النظام الألماني، كان كل الطعام يوضع على الطاولة قبل أن يجلس أي شخص. وهذا كان يلغي الحاجة إلى الخدمة، وكان الخصيان يرجعون إلى الوراء ويصطفون على مسافة قصيرة، مستعدين للاستجابة إلى الأوامر. وفي كثير من الأحيان يرسل السلطان أحدهم، مع لقمة لذيذة بشكل خاص، إلى طفل لم يبلغ من العمر ما يكفي ليتناول الطعام على المائدة، أو ربما إلى شخص عاجز. أتذكر الركن الخاص في بيت الموتني حيث كنت أستقبل الأطباق التي كان يرسلها لي. لقد حصلنا على نفس الطعام الذي حصل عليه الأشخاص البالغون، لكن بالطبع كان شرفًا لنا أن نُختار من قِبَل والدنا، الذي هو نفسه يشعر بسعادة كبيرة من هذا الفعل.

وبمجرد الجلوس، يردد الجميع على المائدة بنبرة منخفضة، ولكن بارزة: «بسم الله الرحمن الرحيم». بينما كان يُقال بعد الانتهاء من تناول الطعام: «الحمد لله رب العالمين». كان والدنا دائمًا أول من يشغل مقعده، وأول من ينهض منه. ولم يكن من أعرافنا تخصيص طبق واحد لكل فرد، حيث تُقدم جميع الأطباق (باستثناء الأرز) في عدد من الأطباق الصغيرة المصفوفة بشكل متناظر على طول السفرة، بحيث يأكل كل زوجين من نفس الطبق. ولا يشرب المرء عند تناول الطعام، لكن يمكن الحصول على الشربت أو الماء المُحلى بالسكر بعد الطعام. ولم يكن الانخراط في المحادثات أمرًا معتادًا، إلا عندما يتحدث السلطان إلى شخص ما؛ يسود الصمت بقية الوقت - وهو أمر جيد أيضًا. ولم يكن من الممكن رؤية الفاكهة أو الزهور على السفرة. وقبل الوجبة بدقائق قليلة وبعدها يحضر العبيد الأحواض والمناشف ليغسل المرء يديه. حيث نستخدم أناملنا بشكل رئيسي عند تناول الأطعمة الصلبة، والتي تقدم على الطاولة مقطعة إلى قطع صغيرة. وكنا نستخدم الملاعق، أما السكاكين والأشواك فلا يجب إحضارها إلا لتكريم الضيوف الأوروبيين. وكان يعطر المهذبون أيديهم، إلى جانب غسلها، لإبعاد روائح الطعام.

وبعد نصف ساعة من بدء وجبة الطعام، يقوم الخصيان المكلفون بالمأدبة بتوزيع الموكا الأصلية في أكواب صغيرة مرتكزة على صحون ذهبية أو فضية. وتتسم القهوة في الشرق بالسمك والحلاوة، لكنها صافية؛ تشرب دائمًا دون حليب أو سكر، وتُحتسى بدون أي نوع من الأطعمة، على الرغم من توفير شرائح رقيقة من جوز الفوفل في بعض الأحيان. وتُسكب القهوة قبل الانتهاء مباشرة، وهي مهمة تتطلب مهارة لا يتمتع بها سوى عدد قليل من الخدم. ويحمل حامل القهوة القِدر الجميل المصنوع من القصدير المزين بالنحاس في يده اليسرى، بينما يحمل في يمينه فنجانًا صغيرًا وصحنًا واحدًا. ويقف خلفه أو بجانبه مساعد يحمل صينية بها أكواب فارغة ووعاء احتياطي كبير من القهوة. فإن تفرقت الجماعة، يجب على هؤلاء الرجال اتباع مختلف الأعضاء، والتأكد من احتسائهم للمشروب اللذيذ. يعلم الجميع مدى تقدير الشرقيين للقهوة، حيث يهتمون بتحميصها وطحنها وغليها بأكبر قدر ممكن من العناية عند تحضيرها، وبالتالي يكون احتساؤها طازجةً دائمًا. ولا يُفضل تخزين البن المحمص، ولا القهوة المغلية كذلك، وعندما يبدو أنها بلا طعم ولو قليلًا، يعمدون إلى التخلص منها أو إعطائها للخدم الأدنى رتبة.

كانت وجبتنا العامة الثانية والأخيرة في الساعة الرابعة بعد الظهر، وبما أنها تتماثل تمامًا مع الوجبة الأولى، فلن أصفها. فلم نتلذذ بأي شيء سوى الأطعمة والمرطبات الخفيفة، مثل المعجنات أو الفاكهة أو عصير الليمون.

مراسم المواليد الجدد

وكانت ولادة أمير أو أميرة، على الرغم من عدم استقبالها بإطلاق المدافع، حدثًا سعيدًا دائمًا، على الرغم من الغيرة التي قد تولدها. ولن يكون سيد سعيد والوالدة وحدهما في فرحتهما؛ بل شاركنا نحن الصغار بصدق في فرحتهما لأن مراسم الأطفال الذين يأتون حديثًا إلى العالم كانت عديدة، وقد تضمنت الأعمال الاحتفالية حضورنا الصغير. وعادةً يُضاف إلى عائلتنا خمسة أو ستة أفراد سنويًا.

ولم تكن مهنة أطباء الولادة معروفة بين المحمديين، الذين يستخدمون القابلات فقط، واللاتي لم يكن يعرفن الكثير. وقد جئن عمومًا إلى زنجبار من الهند، وفُضلن على نظيراتهن المحليات، ولم أعرف السبب قطّ، لأن القابلات الهنديات يفتقرن إلى المعرفة العملية مثل العربية أو السواحلية. ومن المؤكد أنه إذا تمكنت الأم والطفل من البقاء على قيد الحياة، فإنما يعود ذلك إلى فضل الله وإلى قوتها الجسدية، وليس لتلك المخلوقات الغبية. وبعد أن كبرت، أخبرني بعض صديقاتي المتزوجات عن الأساليب البدائية التي استخدمتها الغبيات الجاهلات، والتي لا يمكن أن يعاد سردها للعامة.

وعندما يُغسل الطفل جيدًا بالماء الدافئ، تُرش رقبته وإبطه بمسحوق معطر، ويُوضع في قميص صغير من قماش قطني أبيض أو نسيج رقيق. ثم يوضع على ظهره، ويجري تقويم الذراعين والساقين، ويُلف الجسم كله بإحكام في ضمادة من الكعب إلى الكتف، وتُغطى الأطراف وكذلك الجذع. ويبقى الرضيع مقيدًا لمدة أربعين يومًا وليلة، ولا يُفك سراحه إلا للاستحمام، وهو ما يحدث مرتين في اليوم. والهدف من هذا الربط أن يكون للطفل قوام مستقيم جيد. وتراقب الأم الطفل بعناية، مهما كان

عدد الخدم الذين قد يكونون تحت تصرفها. ويتناوب العبيد في هز المهد الخشبي الفسيح المنحوت بشكل رائع، والذي يكون، حسب الموسم، محميًا بواسطة الناموسية. ولكن نادرًا ما تهز الأم الطفل، وعندما تقوم بهذا الاستثناء، فإنها تعتبره نوعًا من التسلية. وإذا كانت المولودة الجديدة فتاة، تُثقب أذناها بإبرة في اليوم السابع بعد ولادتها. عادة ما تُعمل ستة ثقوب في كلتا الأذنين، والتي بعد مرور بضعة أسابيع تُحمَّل بحلقات ثقيلة إلى الأبد. وأقول إلى الأبد لأن التي لا ترتدي أي شيء إما تكون في حداد، أو ليس لديها ثقوب في أذنيها.

وعندما يبلغ عمر الطفل أربعين يومًا، يُقام له احتفال خاص، وهو أمر يكاد يكون مستحيلًا في أوروبا - وذلك بحلق الرأس. كم فوجئت ممرضتي الألمانية في هامبورغ بشعر ابنتي الرضيعة الأسود الطويل، وما أعظم نفاد صبرها حتى اشترى زوجي فرشاة. ويُحلق الرأس من قبل رئيس الخصيان وسط مراسم خاصة، ويجب عدم إهمال التعقيم بالبخار فيها باستخدام نوع من المطاط الهندي. وتُعتبر الشعيرات الأولى المحلوقة كنزًا عظيمًا؛ ولا يجب أن تُحرق أو تُلقى على كومة التراب، لكنها تُدفن في الأرض، أو تُلقى في البحر، أو تُخبأ في صدع الحائط. ويشهد على الحلاقة عشرون أو ثلاثون شخصًا، ولا يخاطر كبير الخصيان، الذي تقتصر تجربته كحلاق على مثل هذه المناسبات، بأي خطر ضئيل بإيذاء الجمجمة الثمينة. ودائمًا ما يكافئ والدي «مصفف البلاط الخاص بنا» ومساعده بسخاء.

وفي هذا اليوم الميمون نفسه، يُحرر الطفل من حالة الربط المذكورة سلفًا. ويلبسونه قميصًا حريريًا وقبعة مع شريطة ذهبية، وأقراط، وخلاخيل، وأساور. وفي هذا التاريخ، يتوقف أيضًا عزل الطفل بعناية عن العالم

الخارجي، حيث لم يُسمح حتى الآن إلا للوالدين وبعض الأصدقاء المميزين والخدم برؤيته. وبالنسبة لقاعدة الخصوصية، فإن الاعتقاد السائد بعين الحسود وجميع أنواع التعاويذ الشريرة هو المسؤول.

ومما لا شك فيه أن الأطفال الشرقيين يبدون أجمل بكثير في هذا الوقت من حياتهم من الأوروبيين، لأنهم يرتدون الكثير من اللباس الأبيض. ومع وجودي في ألمانيا منذ سنوات، إلا أنه لا يمكنني تغيير رأيي؛ وفي الواقع بدا أطفالي مروعين بالنسبة لي وهم يرتدون ملابس الأطفال. وكان التضاد واضحًا بينهم وبين أبناء وبنات إخوتي وأخواتي الذين يرتدون ملابس جميلة. وكانت العطور مستخدمة بحرية في زنجبار، إذ يُعطر فراش الطفل ومناشفه وجميع ثيابه أولًا برائحة الياسمين الحلو، ومرة أخرى بالعنبر والمسك قبل الاستخدام، وأخيرًا تُرش بعطر من الورد. وينبغي ألا يغيب عن البال أن الأبواب والنوافذ كانت مفتوحة باستمرار على مدار العام تقريبًا، مما أدى إلى تجنب أي آثار ضارة قد تترتب على هذه العادة الفريدة.

ومن أجل حماية الطفل من تربص عين الحسود المفترضة، تُعلق عليه بعض التمائم، وتكون عند طبقات الشعب الدنيا عبارة عن بصلة أو فصٍّ من الثوم أو عظم أو ربما صدفة مثبتة على الذراع اليسرى في حقيبة جلدية صغيرة. وبدلًا من التمائم، يستخدم أفراد الطبقات العليا آياتٍ من القرآن منقوشة على قلائد ذهبية أو فضية ويعلقونها حول العنق بسلسلة. ويحتفظ الأولاد بهذه القلائد حتى سن معينة فقط، لكن الفتيات غالبًا ما يستمررن في ارتدائها، على الرغم من أنها تؤثر أيضًا على ما يُسمى «الحارس». وهو عبارة عن كتاب صغير، طوله بوصتان في بوصة ونصف، موضوع في علبة ذهبية أو فضية، ويُعلق أيضًا حول العنق بسلسلة.

وإلى جانب حليب الأم، سرعان ما يتلقى الطفل حليبًا آخر، عدة مرات في اليوم، يُغلى بالأرز المطحون والسكر، ويُسكب في كوب به فوهة طويلة. ولم تكن الزجاجة معروفة تمامًا آنئذ، ولا يحصل الرضَّع على طعام آخر حتى تنمو أسنانهم، حينها يمكنهم تناول أي شيء يحلو لهم. ولا يُعمد إلى حملهم كثيرًا، ومن الأفضل وضعهم على سجادة، حيث يمكن لهم أن يتدحرجوا ويسقطوا كما يشاءون.

وبمجرد أن يقوم الطفل بأولى محاولاته للجلوس، تُقام مراسم أخرى. فترتدي الأم والممرضات والأطفال أرقى الثياب. ويُوضع الطفل على عربة مربعة متوسطة الحجم، ذات عجلات منخفضة للغاية، ومُبطنة بالوسائد والستائر. ويُوضع عمود قصير نحيف رأسيًا في نهاية المحور الأقرب للعربة، وتُوضع ساق صغيرة على كل جانب من جوانب العمود. وفي هذه الأثناء، تُحمص بعض الذرة الهندية من خلال عملية غريبة، بحيث تُضخم الحبوب لتصل إلى حجم الكشتبانات؛ وتُخلط مع الكثير من العملات الفضية، ثم تُنثر المجموعة بأكملها على رأس الطفل، ويقوم الإخوة والأخوات الصغار بالاندفاع بشكل مهول نحو الغنائم.

وإلى أن تصبح أقدامهم قوية بما يكفي لتحمل الصنادل - خشبية للإناث، وجلدية للذكور- يمشي الأطفال ببساطة حفاة. ولا يرتدي أي من الجنسين أي جوارب في أي عمر، ما عدا النساء من ذوات الرتب العالية عند امتطائهن ظهور الخيل، لأن العرف يقتضي إخفاء الكاحلين.

وفي عمر الثلاثة أو الأربعة أشهر، يُضاف اثنان من العبيد إلى ممرضات الطفل، والذين يظلون ملكًا للطفل من ذلك التاريخ. وكلما كبر، يزيد عدد العبيد الذين يحق له الحصول عليهم، وإذا مات أحدهم، يمنحه الأب آخر أو مبلغًا مناسبًا من المال. ويبقى كل أمير مع نساء الأسرة حتى عيد ميلاده السابع، عندما يجري ختانه وفقًا للشعائر الموسوية. وتؤدَّى الشعائر في حضور الأب، وتتضمن حسن ضيافة فخمًا يمتد على مدار ثلاثة أيام. وفي هذا الوقت أيضًا، يُمنح الصبي حصانًا خاصًا به، حتى يتعلم فن الفروسية مبكرًا، وفي الواقع يكتسب نوعًا من الكفاءة والرشاقة التي لا يتوقعها المرء إلا من راكب سيرك. وكنا نمتطي الخيل بلا سروج وبلا ركاب في المنزل، وبالتالي كان الجلوس بثبات على ظهر الحصان أمرًا يستحق التباهي به.

والمربيات لدينا، حتى لو خدمن لفترة قصيرة جدًا، يجب تقديرهن بشكل واضح واحترامهن بدرجة كبيرة طوال حياتهن. وكان وضعهن الاجتماعي الأصلي هو حالة العبودية، لكن كقاعدة، يُمنحن حريتهن تقديرًا لإخلاصهن ولتفانيهن. ويمكن لأكثر الأمهات قلقًا أن تترك ذريتها بأمان مع مربيتهم، التي من المرجح أن تراعي الابن أو الابنة مثل الأبوين الحقيقيين، وأن تتعامل معه وفقًا لذلك. ويا له من تناقض مع إهمال وقسوة المربيات

الألمانيات! وفي كثير من الأحيان، أثناء المشي، شعرت بالميل إلى توبيخ واحدة من أولئك المربيات، بسبب تعاملها القاسي على الرغم من كونها غريبة عني. وكم يختلف سلوك المربية السوداء! ففي البداية، قد تكون خدمت سيدتها لسنوات، وربما تكون قد وُلدت في بيتها. ومن ثم فمن غير المرجح بالطبع أن يكون لها العديد من الاهتمامات الشخصية، ولا يوجد ما يمنعها من جعل اهتمامات الأسرة الاهتمامات الخاصة بها. وبعد ذلك يأتي وضعها الخارجي والذي يكون مهمًا للغاية في كثير من الأحيان، ففي الواقع وبشكل عام، لا تحتاج المربية السوداء إلى الانفصال عن طفلها، الذي يتلقى نفس غذاء طفل سيدتها، ونفس المشروب من الحليب، ونفس الدجاج. ويتحمم برفقة رفيقه الأكثر رفعة، الذي يرث ثيابه المستعملة. وتنتهي مهنة والدته باعتبارها مربية، وهو لا يزال زميل الطفل الآخر في اللعب، ولا يؤذي أخاه بالرضاعة سوى شخص ذي روح شريرة.

وقد يفسر هذا النظام الأبوي إلى حدٍّ ما أن المربيات لدينا أكثر تفانيًا وجدارة بالثقة من الأوروبيين، الذين أشفق عليهم كثيرًا، على الرغم من أوجه القصور البغيضة لديهم، لأنهم اضطروا إلى ترك أطفالهم الصغار من أجل المال. وقد قيل لي إن هؤلاء النساء لا يشعرن بالألم الشديد كما أتخيل، ولكن لا يمكنني تصديق ذلك. ومع ذلك، لمربياتنا المحليات صفة سيئة واضحة؛ وهي قص أروع القصص والأساطير الوحشية على مسامع الأطفال الذين يُكلفن بهم، إما للترفيه عنهم أو لإسكاتهم. وتبرز الأسود والنمور والفيلة والسحرة بشكل كبير في هذه القصص التي يقف الشعر منها، والتي تكون أحيانًا كافية لترويع البالغين. ولا يبدو أن أي مقدار من الاحتجاج يمكن له أن يغير من هذه العادة.

وعلى العموم، فإن تربية الأطفال في الجنوب أسهل بكثير منها في الشمال؛ فقد نجوا من نزلات البرد الأبدية، والتي تؤدي إلى أشياء أخرى كثيرة. لكنهم يعتمدون على أنفسهم وهم نشيطون، بغض النظر عن حياتهم الفاخرة، ولديهم فرصة أكبر للمضي واللعب خارج الأبواب. لا وجود للتمارين الرياضية الرئيسية؛ لكن من ناحية أخرى، لا عجب من أن يركض الصبي ويقفز فوق حصان، أو حتى حصانين. والقفز العالي يعتبر الرياضة المفضلة التي يحاول الجميع التفوق فيها على الآخر. وتُعتبر السباحة البديل الشائع لها، وتُعلَّم ذاتيًا دائمًا، في حين أن السعي وراء تعلُّم الرماية

يجري بحماس مبكر جدًا. ويتسلح الأولاد ويحملون قدرًا كبيرًا من البارود والرصاص مثل الرجال، إلا أنه نادرًا ما يسمع المرء عن وقوع حادث بسبب الإهمال.

وحتى سن معينة يسكن الأمير الشاب تحت سقف الأب؛ وبعد ذلك يُخصص سكن منفصل له، حيث يقيم بشكل مستقل - مع والدته، إذا صادف كونها حية. ويدفع له السلطان مبلغًا شهريًا لإعانة نفسه، ويمكن أن يزيد مقداره عند زواجه، أو عند زيادة أفراد عائلته، أو في حالة السلوك الحسن، ولكن ليس بخلاف ذلك. وإذا اندلعت الحرب في عُمان - وهو حدث متكرر للأسف - يُضطر جميع الأمراء، بمن فيهم أولئك الذين لم يكبروا بعد، للانضمام إلى القوات والمشاركة في القتال مثل الجنود العاديين. وكان الانضباط في المنزل صارمًا، لكنه كان يزيد من احترام أبناء السلطان لأبيهم، وجعلهم يكرمونه أكثر، وعندما كنت طفلة لاحظت في كثير من الأحيان الكيفية التي يقدم فيها إخوتي الكبار، قبل الخدم حتى، الحذاء لوالدي، والذي يضعه صاحبه عند الباب عند دخول الغرفة.

ولا يكاد يوجد أي شيء يقال عن تربية الأميرات؛ حيث تجري تربيتهن في البداية بنفس الطريقة التي يُربى بها الأولاد، إلا أنه بعد السنة السابعة يتمتع الأطفال الذكور بحرية أكبر بكثير خارج المنزل. ومع ذلك، فإن الأميرة الشابة لديها مشط فضي عريض وثقيل يوضع في شعرها، متبعًا للموضة المحلية، بحيث يكون الجزء الخلفي من رأسها مسطحًا عندما تكبر. وإذا تزوجت من أحد أبناء عمومتها - والذين يكونون أكثر وفرة في عُمان من زنجبار - فإنها بطبيعة الحال تترك بيت والدها، وتستبدل به بيت زوجها. وإذا بقيت غير متزوجة، فإنها تختار بين الاستمرار في رعاية والدها وحماية الأخ.

ولكل أخت أخٌ أليف، والعكس صحيح؛ في الفرح والحزن يتشبثان ببعضهما البعض بمودة، ويعزيان ويدعمان بعضهما بعضًا في جميع الأوقات. وهذه المشاعر جديرة بالثناء بحد ذاتها، مما لا شك فيه، لكنها أثارت أكثر الغيرة والمشاجرات وجميع أنواع النزاعات الأسرية.

وفي بعض الأحيان، تطلب أختٌ عفو السلطان عن جنح أُرتكب من قبل شقيقها المفضل. فقد كان دائمًا على استعداد للتسامح مع بناته، وخاصة الكبيرات منهن. وفي حال قدمت إحداهن لمقابلته، كان سيتقدم لمقابلتها، وسيسمح لها بالجلوس بجانبه على الأريكة، بينما يقف الأبناء الكبار ونحن الصغار في رهبة وتواضع مناسبين.

المدرسة

للمدرسة أهمية قليلة في الشرق. وفي أوروبا حياة الكنيسة والدولة مرتبطة بحياة المدارس، وتؤثر في الجميع من الأمير إلى الفقير. ويعتمد الفرد هنا إلى حدٍّ كبير فيما يتعلق بتطور شخصيته والأمل بخصوص إمكاناته المستقبلية على مسيرته الدراسية، التي ليس لها أهمية كبيرة في الشرق، والتي لا وجود لها لدى كثير من سكان تلك البقاع. ولأبدأ بحثي حول هذا الموضوع بوصف النظام الرائج في وطني.

كان يُتوقع من كل إخوتي وأخواتي بغير استثناء أن يبدأوا تعليمهم في سن السادسة أو السابعة. وكان اللازم علينا نحن الفتيات أن نتعلم القراءة فقط، ولكن كان للفتيان أن يتعلموا الكتابة أيضًا. ولإجراء التعليم، كانت هنالك معلمة واحدة في بيت الموتني وأخرى في بيت الساحل، وقد جاءت كلتاهما من عُمان بناء على طلب والدي. فلما مرضت الآنسة ولزمت الفراش، ابتهجنا كثيرًا بالعطلة الإلزامية، حيث لم يكن من الممكن الحصول على معلمة بديلة. ولم يكن لدينا صف دراسي خاص. وكانت الدروس تُعقد في شرفة مفتوحة، حيث يحظى الحمام والببغاوات والطواويس وطيور الممراح بحرية الدخول بغير قيود. وتطل هذه الشرفة الأرضية على فناء، بحيث يمكننا التمتع بمشاهدة الأحداث الحيوية بالأسفل. وكان أثاثنا الأكاديمي يتكون من سجادة ضخمة، وكانت أدواتنا الدراسية متميزة ببساطة مماثلة: القرآن بكرسيه، ومحبرة صغيرة (مصنوعة منزليًا)، وقلم من الخيزران، وعظم كتف إبل مبيض جيدًا. وإن من السهل الكتابة بالحبر، حيث يُتخذ هذا الأخير كلوح؛ وكان المرء في راحة من صرير لوحة الرصاص. وكان العبيد عادة من ينظفون عظام الإبل. وكان أول عمل بالنسبة لنا هو تعلم الأبجدية العربية المعقدة، فإذا أتممنا ذلك بدأنا ممارسة قراءة القرآن، الذي هو كتابنا الدراسي الوحيد، في حين أن الفتيان

كما ذكرت آنفًا يتعلمون الكتابة جنبًا إلى ذلك. فإذا أحرزنا تقدمًا في القراءة كنا نقوم بذلك بصورة جماعية بأعلى أصواتنا. وكان ذلك كل ما في الأمر، حيث لم تُقدَّم أي تفسيرات. ولذلك لم يكن إلا واحد من كل ألف يفهم جيدًا، ويمكن له أن يفسر الأفكار والتصورات التي تمثلها النصوص المقدسة المحمدية. فإن تفسير كلام الله يُعد معصية؛ وهو أمر محظور بشدة، فإن المتوقع من المرء أن يؤمن بما يُلقَّن.

وبحلول الساعة السابعة صباحًا، وبعد تناول بعض الفاكهة، نكون في الشرفة في انتظار الآنسة. وبينما كنا ننتظر وصولها ننخرط في ألعاب قفز ومصارعة، ونتسلق حول الدرابزين، باذلين قصارى جهدنا للمخاطرة بحياتنا. وكان الواحد منا يقف حارسًا في مكان مناسب، فيأتينا التحذير في صورة سعلة مصطنعة لدى قدوم المعلمة. وكانت كل طالبة بلمحة واحدة ثابتة على السجادة، تظهر بصورة البراءة، وما إن تتبين المعلمة فعليًا، كنا نقف على أقدامنا جميعًا، لنقدم للطاغية الانقياد الكامل. وكانت تحمل في إحدى يديها محبرة معدنية ضخمة، وفي اليد الأخرى تحمل عصا الخيزران البغيضة. وهكذا نقف بكل انقياد حتى جلست، واقتدينا بها بعدئذٍ. فجلسنا جميعًا وأرجلنا مشتبكة ونحن محيطات بالمعلمة. فقرأت أولًا الفاتحة أو السورة من القرآن التي هذا نصها: «بسم الله الرحمن الرحيم. الحمد لله رب العالمين. الرحمن الرحيم. مالك يوم الدين. إياك نعبد وإياك نستعين. اهدنا الصراط المستقيم. صراط الذين أنعمت عليهم غير المغضوب عليهم ولا الضالين». ثم كررنا هذه السورة معًا بعدها، وختمناها بلفظ آمين المعتاد. وعندئذٍ رُوجع درس اليوم السابق، ثم نبدأ مهمات جديدة في القراءة والكتابة. ويمتد الدرس إلى التاسعة، حيث يُستأنف بعد ذلك من بعد الإفطار إلى الساعة الثانية من الإفطار، حوالي الساعة الواحدة ظهرًا.

وكانت الجميع مأذونات بجلب بعض العبيد إلى المدرسة؛ وقد اتخذ هؤلاء أماكن لهم في الخلف، بينما رتبنا أنفسنا نحن الأطفال على السجادة كما يحلو لنا. ولم تكن المقاعد الاعتيادية ولا التقسيم إلى صفوف أمرًا معهودًا؛

وكانت هناك محاولات أقل في التقارير اللفظية التي تتسبب بإثارة عظيمة هنا. فإذا كانت إحدى الطالبات متخلفة بشكل خاص أو متقدمة بشكل استثنائي، ولُوحظ سلوك جيد أو خلافه، كان السلطان يُخبَر بذلك لفظيًا. وقد جاءت أوامر صارمة من والدنا بأن نُعاقب بشدة على مثل هذه المخالفات التي يمكن أن نرتكبها. وبمراقبتها لسلوكنا الجامح، فقد كانت للآنسة مناسبات متكررة تؤرجح فيها تلك العصا البغيضة.

وإلى جانب القراءة والكتابة، كان قليل من الحساب يُعلَّم أيضًا؛ وتضمن ذلك الحساب الذهني بما يشمل الأعداد إلى المائة، في حين كان الألف هو الحد الأقصى ورقيًا. وكان كل ما تجاوز هذين الرقمين يُعد ضارًّا. ولم تكن هنالك مشقة لتعلم النحو والإملاء. وأما فيما يخص التاريخ، والجغرافيا، والرياضيات، فلم أكن قد سمعت بها في وطني أصلًا، وإنما تعرفت على فروع المعرفة هذه عندما جئت هنا. ولكن كوني في الواقع أفضل من صديقاتي في أفريقيا بالقدر القليل الذي اكتسبته من التعليم هنا بشق الأنفس يظل بالنسبة لي سؤالًا مفتوحًا. ومع ذلك فإن لي أن أقول بصراحة تامة أني بعد اكتسابي أعظم كنوز المعرفة الأوروبية قدرًا لم أتعرض للإذلال والترهيب الفاضح قط. ألا أيتها الأرواح السعيدة هنالك، لا يمكنك حتى أن تحلمي بما يمكن القيام به باسم الحضارة الرفيعة!

وبالطبع، فقد حرَّمت علينا خطتنا الدراسية الكاملة أي شيء يشبه التحضير بعد ساعات. بغض النظر عن مدى الخوف من الآنسة، فإنها تحظى باحترام كبير من قبل طالباتها، اللاتي عاملنها طوال حياتهن باحترام وتقدير.
وهي تُدعى بالفعل أحيانًا للوساطة بين اثنتين غير قادرتين على الاتفاق على نقطة ما، وبذلك تؤدي منصبًا أوكله الكاثوليك إلى راعيهم الروحي. لكنَّ هناك شيئًا واحدًا يشترك فيه علماء الشرق مع الغرب. أعني الغريزة الطبيعية لرشوة معلميهم بالهدايا. عندما توسل إليَّ أطفالي في ألمانيا لأشتري زهورًا للآنسة فلانة، فلم أتمالك نفسي من تذكر صغر سني. وهذه السمة ليست غريبة على أي أمة، بل توجد في جميع أنحاء العالم. وقبل

أن أعرف أن هناك مكانًا مثل ألمانيا اعتدت أن أقدم لمدرستي - كما فعل البقية أيضًا - العديد من الحلويات من أجل كسب رضاها؛ ألذ حلوى البونبون الفرنسية التي قدمها لنا والدنا كنا نحاول التضحية بها على مذبح الكفارة. ومن المؤسف، أن هدف مساعينا كان ضحية لألم في الأسنان، وبالتالي كانت قاسية تجاه تدبيرنا، فقد كان تصورها أننا بإطعامها الحلويات كنا نأمل في زيادة سوء ألم أسنانها إلى حدٍّ كبير تضطر فيه إلى إعطائنا عطلة.

لم يكن طول المنهج مؤكدًا بتاتًا. فما يُتعلَّم كان يجب تعلُّمه، وهذا كان يعتمد على قابلية الفرد سواء أنهى ذلك في سنة أو سنتين أو ثلاث. ولم تكن الحياكة جزءًا من المنهج، بل تُرك ذلك للأمهات، اللاتي كن خبيرات فيها. ومع ذلك، فقد عرفت بعض أخواتي اللاتي كبرن ولم يكن يعرفن الخياطة على زر. وكانت المدارس العامة موجودة أيضًا، ولكنها كانت لأطفال الفقراء فقط. فكل من كان متمكنًا كان لديه مربية أو معلمة. وكان التعليم منوطًا في بعض الأحيان بسكرتير رب الأسرة، ولكنه بالطبع لم يكن ليعتني بالفتيات إلا عند كونهن صغيرات جدًّا.

ومن المحتم أني لكوني نشأت في المكان الذي كنت فيه، كان عليَّ أن أقارنه بالنظام الأوروبي الذي حظي أطفالي بامتيازاته. وهناك بالتأكيد تفاوت كبير بين الزيادة في التعلم عند الألمان والجهل العربي؛ فيُفرض الكثير على جانب، ولا يُطلب إلا القليل من الآخر. ولكني أفترض أن مثل هذه الاختلافات الشديدة لن تتلاشى، بل إنها ستبقى حتى نهاية العالم، حيث لا يبدو أي عرق من الأعراق قادرًا على الاستقرار على متوسط ذهبي. وعلى كل حال، فإن عقول الأطفال هنا تُملأ بقدر أكبر كثيرًا مما يتحملون تلقيه. فحين تبدأ أيامهم الدراسية، لا يراهم الوالدان إلا قليلًا. ونظرًا للأعمال المتنوعة الواجب عليهم التهيؤ لها في اليوم التالي، يكون وجود حياة أسرية حقيقية غير وارد، وبفقدان هذا لا بد من فقدان شيءٍ في الشخصية. لا معيشة طوال اليوم، بل هي عجلة وتزاحم، وتزاحم وعجلة، من درس إلى آخر. فما أكثر الوقت الذي يضيعونه أيضًا في اكتساب حقائق بشق الأنفس يثبت عدم جدواها تمامًا، بقدر ما يبدو أنها تُلقَّن لغرض وحيد هو أن تُنسى. فكيف تُقرُّ منهجية يُجرد فيها الأطفال من الوقت الذي كان من الأفضل أن يقضوه في البيت؟

وبالإضافة إلى ذلك، يُحبس المساكين كل يوم لخمس ساعات أو أكثر في مساحات أشبه بالسجن تُسمَّى «فصولًا دراسية»، حارة وخانقة بما لا يُوصف. أربعة أكواب لشرب الماء من المسموح به من قبل مؤسسة تأوي مائتي طفل! ألا يثير هذا اشمئزاز أم تتوق لتقبيل طفلها بعد رجوعه من ذلك المكان؟ ولِمَ التعجب إذا مرض الصغار تحت ظل هذه الظروف؟ فلتقوموا بما يمكن للمرء القيام به في البيت لإبقائهم في صحة جيدة، فلا شك أن الرائحة الكريهة للصف الدراسي تصيب كل جهود المرء بالإحباط. كم يبدو كثير من المتعلمين بائسين في هذه البلاد، وكم يُدمى لحالتهم البائسة! فلأُعطَ شرفتنا المفتوحة ومتجددة الهواء! ما عسى التعليم العالي أن ينفع إن كان الجسد ليتلف في الصراع لتحصيله؟

إنني إذ ألاحظ قليلًا من الاحترام الذي نقدمه جميعًا أنا وإخواني وأخواتي إلى والدينا ومعلمينا، وفي الواقع للعمر بشكل عام. ولا يبدو أن التعليم الديني المقدم في المدارس أيضًا كافٍ كما ينبغي، ولا عجب من ذلك حيث يتخذ صورة آلية بحتة؛ يُجبر الأطفال على حفظ تواريخ لا نهاية لها متعلقة بالتاريخ الكنسي عن ظهر قلب، بدلًا من التشجيع على الذهاب المنتظم إلى الكنيسة، حيث يمكن لخطبة جيدة أن تلهمهم أكثر من تلك الحقائق التاريخية المجردة. وكان علينا أن نحفظ الدروس أيضًا، ولكن ليس على حساب التجاهل الكامل للروح، والتي تعاني هنا على حساب العقل. فهناك إفراط في التعلُّم الكتابي - وهذا هو رأيي. فكل شخص يريد الارتقاء عبر التعليم أكثر وأكثر حتى إن العمل اليدوي يكاد أن يكون عارًا؛ فيُعزى قدر كبير من الأهمية إلى المعرفة والثقافة. ولذلك فليس من المستغرب إن كان الانقياد، والصدق، والتقوى، والرضا يؤديان إلى فجور مروع، ومقت لكل ما هو مقدس وراسخ، وسعي غير أخلاقي وراء المزايا الدنيوية. وتزداد ضروريات الناس بتعلمهم الخارجي، وتزداد طلباتهم للحياة، وهذا يفسر شدة وحدَّة التنافس بينهم. أجل، العقل مزروع بلا شك، ولكن القلب يُترك دون حرث. فعلى المرء أن يدرس كلام الله ووصاياه المقدسة أولًا، مركزًا على «القوة والمادة» آخرًا.

وقد شعرت ذات مرة بالفزع لرؤيتي لإحصائية متعلقة بالأمراض العقلية التي كان أكثرها من الطلاب التعساء السابقين للمدارس الداخلية ومؤسسات التعليم البارزة. ولا شك أن كثيرًا قد أُصيبوا بالجنون باعتبارهم

ضحايا لطموحاتهم نحو تعليم جيد. ولا يسعني إلا أن أفكر في بلادي حيث لا توجد مصحات للمجانين، وحيث لم أسمع بأي مجنون إلا اثنتين، واحدة زنجية والأخرى امرأة من الهند.

وتُعد الثقافة الأوروبية مسيئة للآراء الدينية المحمدية بطرق لا تُعد ولا تُحصى. فهم غالبًا ما يسخرون من التعليم الناقص عند الأتراك، إلا أن الأتراك فعلوا أكثر مما ينبغي من أجلهم ليكونوا متحضرين، ولو كان ذلك بشكل سطحي فقط. وقد أضعف الأتراك أنفسهم من خلال تلك المساعي، على الرغم من أنهم ظلوا غير متحضرين، لأن الحضارة الأوروبية تنقض وتخالف كل بديهياتهم الأساسية. ولا يمكن فرض الحضارة بالقوة، ومن اللازم ترك حق الشعوب الأخرى في اتباع آرائها وتقاليدها - والتي لا بد أنها تطورت نتيجة تجربة ناضجة وحكمة عملية - في السعي نحو التنوير بطرقها الخاصة. وسيشعر أي عربي متدين بالإهانة الشديدة إذا شرع أحد بتنويره من خلال غرس العلم، والذي لا يمكن بدونه للثقافة العالية أن يكون لها موطئ قدم في أوروبا. وسيُصدم صدمة رهيبة، ويُصاب بتشنج في عقله، إذا حدثه أحد عن «القوانين الطبيعية»، وهو الذي طوال حياة الكون، وصولًا إلى أدق التفاصيل، لا يرى إلا شيئًا واحدًا بأعين إيمانه الثابت - يد الله الهادئة والحاكمة بإطلاق!

الأزياء النسائية

هنا، وفي أوروبا عمومًا، يمنح رب العائلة زوجته وبناته غير المتزوجات مصروفًا كل شهر أو كل ربع سنة، وعند هذا الحد تنتهي مسؤولياته فيما يتعلق بلباسهن. ولكن الوضع مختلف تمامًا في زنجبار، حيث لا نملك أي صناعات، وبالتالي لا وجود لمصنع واحد على الأقل. ويعتمد جميع السكان على استيراد المواد والملابس من الخارج.

وقد حافظ والدي على نظام مقايضة مدروس بسبب هذا الظرف. ويتجه مرة كل سنة أسطول من سفنه الشراعية المحملة بالمنتجات المحلية، وخاصةً القرنفل والتوابل إلى المرافئ البريطانية والفرنسية والفارسية والهندية والصينية، ويكون ذلك عن طريق وكلائنا هناك الذين يعملون في مبادلة السلع المحلية بالسلع الأجنبية. وكان الربابنة دومًا ما يأخذون قائمة طويلة للغاية من المواد المطلوبة؛ معظمها له علاقة بالملابس. وكانت عودة السفن بالطبع، منتظرة بلهفة وبفارغ الصبر، لأنها لم تعنِ مجرد التقسيم السنوي للغنائم، بل عنت افتتاح موسم موضة جديد، إذا جاز التعبير.

وبالنسبة إلينا نحن الأولاد، كانت هذه السفن ترمز إلى لغز مبهج، حيث تجلب لنا كل ألعابنا الجميلة من أوروبا. وسرعان ما يُحدد يوم لتوزيع البضائع بين النبلاء والبؤساء، والكبار والصغار عند وصول الأسطول. ويكون عشرون أو ثلاثون صندوقًا مليئة بالألعاب، منها: الخيول والعربات والدُّمى والسياط ولعبة الأسماك والبط التي تتبع مغناطيسًا وصناديق موسيقية من جميع الأبعاد، وآلات موسيقية مثل الكونسرتينة والمزامير والأبواق، والبنادق الصغيرة، وما إلى ذلك. وإذا كنا غير مسرورين أو مستاءين، فويلٌ للربَّان المهمل؛ فقد كان مفوضًا مُطلق الصلاحية وبدون قيود؛ أبحر بموجب أمر محدد لشراء الأفضل بغض النظر عن المصاريف.

وعندما جرى التوزيع أخيرًا في بيت الموتني وبيت الساحل، استغرق الأمر ثلاثة أو أربعة أيام لتوزيع كل شيء على النحو الواجب بين مئات الأشخاص. وقد حضر الخصيان عملية التفريغ والفرز، في حين تولت بعض بنات السلطان الأكبر سنًّا التوزيع بشكل صحيح. وقد كانت الغيرة والحسد والضغينة للأسف، ظاهرة سائدة في هذه المناسبة السعيدة أكثر من أي وقت آخر في السنة. فالمواد الخاصة باللباس، سواء كانت بسيطة أو مكلفة، لا تُوزَّع إلا كقطعة كاملة، وكان المرء حُرًّا في تغيير ما لا يريده بمادة أخرى مع شخص آخر. وقد تستغرق عمليات الاتجار هذه أسبوعين. وبما أننا لا نملك طاولات، فقد كنا نقوم بقص القطع جالسين على الأرض، وقد تقوم سيدة بين الحين والآخر بتمزيق ثيابها أثناء قيامها بحماسة باستخدام المقص.

وكان يُقدم المسك والعنبر وعطر الورد وماء الورد وعطور أخرى لنا، وكذلك الزعفران (الذي تخلطه النساء مع مكونات مختلفة لوضعه في شعورهن)، والحرير من جميع الأنواع، وخيوط الذهب والفضة للتطريز، وأزرار النسيج المذهبة، وباختصار، أي شيء يخص زينة السيدة العربية. ثم تحصل كل منهن إلى جانب ذلك، على عدد معين من الدولارات الفضية، حسب المكانة والعمر. ولكن قد تنفق المبذرة في بعض الأحيان أكثر مما كانت قد تلقته خلال السنة، وقد كان يُقابل التوسل للأب أو الزوج للحصول على مبلغ إضافي باستهجان الإسراف غير المبرر، على الرغم من أن المناشدات من هذا النوع كان يجب أن تجري في سرية تامة، بل من المؤكد أنها ستتسبب في إلقاء محاضرة على رأس المتوسل. وكما هي الحال مع كل أسرة في العالم، تضمنت أسرتنا شخصيات مقتصدة وأخرى مبذرة، وكانوا يعتقدون أنه لا ينبغي على المرء أن يحتفظ بالعبيد لمجرد الرفاهية، بل

يجب أن يستخدمهم لتحقيق منفعة جوهرية. لذلك قاموا بتدريب عبيدهم على مختلف الحرف اليدوية، كالنجارة أو السراجة، أما الإماء فيتعلمن الخياطة والنسج وصناعة القبعات النسائية. وقد أثبت هذا بالطبع كونه طريقة جيدة للاقتصاد، في حين كان هؤلاء الذين أهملوا هذه الممارسة يدفعون أموالهم للغرباء، وغالبًا ما فشلوا في تدبر أمور المعيشة. وبالتالي كان يُعتقد أن العبيد مؤهلون بشكل خاص للتجارة أكثر من غيرهم، ويواجهون صعوبة أقل في الحفاظ على الحياة إذا ما تحرروا. أما في عُمان، حيث يُحتفظ بعدد قليل من العبيد، يمكن تعليمهم جميعًا بعض المهن العادية، حتى يتمكنوا من خدمة سادتهم وأنفسهم على نحو مفيد. وقد كان هذا سببًا في إرسال العديد من العبيد من زنجبار إلى عُمان للحصول على التدريب هناك، مما أدى إلى ارتفاع سعر الزنوج من هذه الفئة.

ويحصل الزائر الذي يصادف أن يكون معنا في فترة التوزيع المذكورة آنفًا على هذه الحصة، بما في ذلك النقد المستحق حسب المكانة. ثم يرسل السلطان كل ما تبقى من البضاعة إلى أقربائه في عُمان.

ويسود الصيف الدائم عند خط الاستواء، أما الفصول الأربعة فهي موجودة بالاسم فقط، وهذا يبسط بالتأكيد لباس المرء السنوي. وكان من الممكن أن يترتب على التعامل مع الخريف والشتاء والربيع في العملية التجارية تعقيدات مهيبة. فموسم الأمطار، الذي يدوم ستة أو ثمانية أسابيع، والذي ينخفض خلاله الزئبق إلى 22,5 درجة حرارية، وهو فصل الشتاء الذي تعرفه المنطقة. وترانا في الطقس الرطب بدلًا من البارد بالملابس المخملية والأشياء الثقيلة الأخرى، وبدلًا من انتظار الإفطار الساعة التاسعة، نتناول الشاي مع البسكويت قبل ساعة أو ساعتين.

وكانت جميع الملابس تُصنع يدويًا؛ فلم نكن قد سمعنا بعد بآلات الخياطة في فترة شبابي، حيث تُقص الملابس بشكل واضح تمامًا، بنفس الطريقة لكلا الجنسين. أما الأربطة، المؤذية البغيضة، فلم تعرفها الأنثى الشرقية بعد. إن أنماط اللباس لا تختلف أبدًا، بل تختلف المواد فقط، حيث يشتكي الأوروبيون؛ ولكن تتسبب التغيرات المستمرة في الموضة في أوروبا بخلافات عائلية ومشاهد بشعة بسبب التكلفة الكبيرة التي ينطوي عليها الأمر. ولا أعني بذلك أنني سأتجرأ أن أصلح هوس الموضة هذا،

ولا أرغب في إرجاع أصدقائي الأوروبيين المستنيرين إلى ما هو قديم؛ ولكنني فقط أطلب الإذن للتنويه إلى أن المرأة العربية أقل إسرافًا بكثير، حيث يستخدمن عددًا أقل من الأشياء، ويستغنين عن المعطف الشتوي أو العباءة، والآخر الخاص بفصل الربيع، والمقاوم للماء لفصل الصيف، ومجموعة الفساتين، وعشرات القبعات أو نحو ذلك (بعض السيدات يحتجن إلى قبعة واحدة لكل زي)، والعديد من المظلات الشمسية التي تطابق القبعات والفساتين، إلى آخر ذلك.

أما ملابس الأنثى العربية، مهما كان مركزها، فهي بسيطة. إذ ترتدي قميصًا يصل إلى الكاحلين، وبنطالًا طويلًا وواسعًا فوق القدم - وليس بنطالًا قصيرًا - ومنديلًا للرأس. كما تختلف المواد، حيث تفضِّل النساء الثريات التطريز الذهبي في العديد من الحالات، والمخمل أو الحرير الغني المشذب، ولكن في الطقس شديدة الحرارة، يُفضل ارتداء القطن الخفيف أو النسيج الرقيق. ولا يتوافق القميص والسراويل مع النمط قط. كما لا يُستحب أن يكون القميص طويلًا للغاية، لأنه لا يجب أن يخفي التطريز على البنطال أو الخلخال الذهبي، الذي تتدلى منه العديد من القطع الذهبية الصغيرة التي تصدر خشخشة كالجرس عند كل خطوة. ويتدلى من عصابة الرأس التي تلتف حول الجبهة، شريطان طويلان بهدبين كبيرين على الظهر أو واحد على كل جانب. ويصل منديل الرأس الحريري إلى الكاحلين.

وعندما تخرج سيدة عربية ترتدي شالها الذي يمثل غطاء وسترة ومعطفًا فضفاضًا ومقاومًا للماء والغبار في آنٍ واحد. وهو عبارة عن لفافة كبيرة مصنوعة من الحرير الأسود، مشغولُ الحواف بتصاميم ذهبية أو فضية حسب ثراء المالك وذوقه؛ ولكن لا تمتلك لا المرأة الغنية ولا الفقيرة أكثر من شال واحد ولا يتغير نمطه قط. رأيي المتواضع هو أن المرأة الشرقية، بكل ما لديها من وقت فراغ، ولعدم نشاطها وقت الحر، لديها عذر أفضل لتكريس الكثير من الاهتمام لملابسها من المرأة الأوروبية المتألقة والمشغولة، ويجب أن أقول إنه يحيرني كيف يمكن لهؤلاء الأشخاص الأذكياء، مع مثل هذا التطور العقلي المرتفع، أن يستنزفوا أنفسهم بالكامل في تفاهات من هذا النوع.

ويرتدي الأثرياء خلال موسم الأمطار، رداء الجوشا، وهو عبارة عن رداء ولا أرغب في إرجاع أصدقائي الأوروبيين المستنيرين إلى ما هو قديم؛ ولكنني فقط أطلب الإذن للتنويه إلى أن المرأة العربية أقل إسرافًا بكثير، حيث يستخدمن عددًا أقل من الأشياء، ويستغنين عن المعطف الشتوي أو العباءة، والآخر الخاص بفصل الربيع، والمقاوم للماء لفصل الصيف، ومجموعة الفساتين، وعشرات القبعات أو نحو ذلك (بعض السيدات يحتجن إلى قبعة واحدة لكل زي)، والعديد من المظلات الشمسية التي تطابق القبعات والفساتين، إلى آخر ذلك.

لكننا كنا مستعدين لجميع حالات الطوارئ حيث نتملك جهاز تدفئة ملائمًا للغاية. كان الحامل ثلاثي القوائم النحاسي الذي يقف على ارتفاع بضع بوصات فوق الأرض ممتلئًا بالفحم المتوهج، ويوضع في منتصف الغرفة، مما ينشر الدفء اللطيف. وكان هذا أيضًا موسم حصاد الذرة، حيث تُقشر أكواز الذرة وتوضع على الحامل ثلاثي القوائم لتحميصها، بحيث تصبح صالحة للأكل في غضون خمس دقائق تقريبًا. في هذه الأثناء تستمر الحبوب في «الفرقعة!» - والتي كانت تمثل تسلية جيدة لنا نحن الأطفال. وعلى الرغم من الموقد المصغر، كانت الأبواب والنوافذ تترك مفتوحة كقاعدة.

رحلة السلطان إلى عُمان

عندما كنت في التاسعة من عمري تقريبًا، سافر السلطان إلى عُمان، كما اعتاد القيام بذلك على فترات كل ثلاث أو أربع سنوات، لتنظيم حكومة مملكته الآسيوية. كان أخي المتواضع ثويني يمثله في مسقط، بوصفه حاكمًا ورب العائلة على حدٍّ سواء. وفي هذه المناسبة، كانت أسباب زيارة والدي إلى عُمان من الأمور الملحة. فقد غزا الفرس عدة مرات منطقة بندر عباس، دون نتائج خطيرة للغاية، وهذا صحيح لكن لا يخلو من إمكانية إشعال الحرب. ولم تجلب أرضنا الصغيرة هذه فارسية الأصل، والتي كانت مهمة إلى حد كافٍ من خلال مركزها القيادي عند مدخل الخليج، لوالدي أية فائدة حقيقية، بل على العكس، كانت سببًا للمتاعب والنفقات. وعلى هذا فلم تثبت عملية استردادها في نهاية المطاف أي سوء حظ؛ وفي حين كانت الأرض في حوزتنا، لم يترك لنا الفرس لحظة خالية من القلق، والذي على أية حال، لا يمكن أن يلاموا عليه.

ونظرًا لعدم امتلاكنا للبواخر، ولكن فقط السفن الشراعية للتصرف فيها، كنا نعتمد كليًّا على أهواء الرياح، ولذلك كثيرًا ما كانت الرحلات من زنجبار تتعرض للتأجيل. ويستغرق الاستعداد ما لا يقل عن ثمانية أو عشرة أسابيع، حيث كان لا بد من التزود بالطعام لتلبية احتياجات ألف شخص لفترة مماثلة. وقد استغرق خبز الكعك الذي لا يفسد بسرعة وقتًا طويلًا. فاللحوم المخللة كانت غريبة علينا، والأطعمة المحفوظة، حتى لو كان لدينا أي منها، كانت ستحرم بصفتها نجسة بسبب ديننا؛ وهكذا أخذ عدد هائل من المواشي الحية على متن السفينة، ربما من بينها عشرات الأبقار الحلوب. وتتعارض كميات الفاكهة المغلفة مع حساباتي، لكني أعرف أن مزارعنا الخمس والأربعين استمرت في إرسال الفاكهة لأيام. ولا عجب أن يظهر مرض الزحار في هذه الرحلات.

وقد يذهب أي من الأبناء، ولكن قلة فقط من البنات بسبب عدم الملاءمة، ولهذا السبب لا يمكن لأكثر من زوج من الجاريات أن يركبن على متن السفينة. وفي الواقع، لم يكن الكثير منا مهتمًا بزيارة عُمان، التي كانت نساؤها يحببن معاملة سكان زنجبار الأصليين باعتبارهم أشخاصًا أقل شأنًا. ويبين أفراد عائلتنا الذين ولدوا في عُمان موقفهم هذا تجاه أقاربهم مع زنجبار، مفترضين أنه يجب علينا أن نشبه الزنوج الذين نشأوا بينهم. وكان أكبر دليل على تدني منزلتنا هو التحدث بلغة أخرى إلى جانب اللغة العربية.

وكما ذكرت من قبل، كان لدينا أقارب من المحتاجين في عُمان، وكانت زيارة السلطان تعني وصول الهدايا إليها، وقد تسبب هذا التوقع في زيادة الأمتعة. ومن شأن هذه الرحلة أيضًا أن تعيد إحياء مراسلاتنا الضئيلة والنادرة مع آسيا. لكن الجهل بالكتابة أثبت صعوبته الكبيرة في كثير من الحالات. كان يجب أن يكتب شخص آخر رسائلك، ثم يقرأها الغرباء لمتلقيها. ولذلك حوصر إخوتي والخدم الذكور الذين يتقنون الكتابة، وإذا رفضوا فلن يكون أمامك خيار سوى أن تسأل شخصًا خارج المنزل. وفيما يلي مثال على ما قد يحدث:

تدعو سيدة عبدها المؤتمن وتقول له: «الآن، فيروز، اذهب إلى كذا وكذا، القاضي؛ وقل له أن يكتب رسالة حسنة إلى صديقتي في عُمان، وادفع له كل ما يطلبه». ثم يُعطى فيروز تفاصيل كثيرة، كل ذلك يجب أن يوجد في الرسالة. ولكن من المؤسف أن القاضي يتعرض للضغط والإزعاج من قبل عشرات المراسلين المحتملين الآخرين في نفس الوقت، حتى يخلط عمولاته. ثم يعود فيروز منتصرًا إلى سيدته بمجهود القاضي، لكن السيدة حذرة بما يكفي لجعل خبير يقرأها عليها. والمفاجأة هي العاطفة الأولى

التي تأسرها، ويتبعها الفزع بسرعة. وتعتبر الرسالة خاطئة من جميع النواحي؛ حيث كانت السيدة تنوي تقديم التعازي، بينما أعرب القاضي عن تهانيه، وهكذا. وبالتالي يجب كتابة الرسالة عدة مرات من قبل أفراد مختلفين قبل إرسالها.

في النهاية كان كل شيء جاهزًا للمغادرة. وكانت إحدى السفن مخصصة لوالدي وأفراد من عائلته؛ أما الحاشية والأمتعة فتوضع في سفينتين أو ثلاث سفن أخرى. وكان عدد المسافرين كبيرًا بما يتناسب مع السفن؛ ومع ذلك، لا يشغل الشرقي حيزًا كبيرًا: فهو لا يطلب مقصورة منفصلة، ولكن عندما يحل الليل يختار مكانًا على سطح السفينة، حيث يفرش سجادته. وتصعد حاشية السلطان والخدم أولًا؛ وفي الصباح الباكر يجيء دور النساء؛ وفي حوالي منتصف اليوم الذي يليه، جاء سيد سعيد وأقاربه من الذكور. وأذكر أن أخوي خالد وماجد نزلا إلى الشاطئ مع بعض إخوانهما الأصغر لرؤية السلطان يرحل، وكانت الطلقات الإحدى والعشرون بواسطة المدفع هي التحية التي مثلت بداية الرحلة.

بدا وكأن صمتًا قد حلَّ على المنزل، الذي بدا الآن مهجورًا – على الرغم من اكتظاظه بالسكان - ولكن دون رب المنزل. ومثل خالد السلطان باعتباره ابنه الأكبر في زنجبار. وكان يأتي إلى منزلنا عدة مرات في الأسبوع للسؤال عن أحوالنا، وكان يذهب إلى بيت الموتني في كثير من الأحيان لرؤية النزلاء، ولاستشارة زوجة أبينا العزيزة والعظيمة، عزة بنت سيف.

كان خالد سيدًا صارمًا؛ وكان لدينا دائمًا سبب للامتعاض من قساوته.

وفي أحد الأيام، اندلع حريق في بيت الساحل ولحسن الحظ أمكن إخماده دون تأخير. ولكن عندما بدأ، ركضنا جميعًا بهلع تجاه الأبواب، ولكن وجدناها مقفلة ومحروسة من قبل الجنود. كان خالد هو من أمرهم بذلك حيث كان يريد أن يمنع رؤية الناس لنا في وضح النهار. وفي مرة أخرى طرد قريبًا لنا من بعيد ذا تأثير كبير من خارج المسجد لأنه تجرأ على طلب يد إحدى أخواته. ولم يغامر الخاطب التعيس على المجيء بحضرة خالد مجددًا، ولا إلى المسجد الذي يُصلى فيه. لكن شاء القدر بعد وفاة خالد وسيد سعيد، أن يتزوج المرفوض من أخت أخرى.

وعيَّن والدي خولة في فترة غيابه مراقبة - إذا جاز لي استخدام هذا المصطلح - على بيتي «الساحل» و«الثاني». وقد أثار تعيين النجمة الساطعة لعائلتنا استياءً كبيرًا، بسبب الحسد بالطبع. وعلى الرغم من طيبة قلبها، فإنها لم تكن قادرة على إرضاء الجميع، لأنها كانت بشرًا كبقيتنا. كان المستحيل متوقعًا منها، مع تجاهل حدود سلطتها المفوضة؛ ومن الواضح أنه لم يكن ذنبها أن فضَّلها السلطان، ولكن الحسد يعمي العقل.

وفي هذه الأثناء، أبحر سادتنا الثلاثة ذهابًا وإيابًا بين عُمان وزنجبار، حتى إننا غالبًا ما كنا نتلقى الأخبار والهدايا من السلطان. وكان وصول السفينة سببًا طبيعيًا لسعادة عظيمة؛ كانت الإثارة والضجة والإيماءات الجامحة من النوع الذي لا يمكن رؤيته سوى في الجنوب. ومن المؤلم أن الله سرعان ما اختار خالد إلى جواره. وانتقلت الوصاية إلى ماجد، الذي كان مستحقًا لها، بصفته الابن التالي للسلطان، والذي استحوذت تصرفاته الودودة على كل القلوب.

وأخيرًا جاءت سفينة من عُمان مع البشائر التي أفادت بعودة السلطان. وسرعان ما انتشرت الأخبار، وأصاب الابتهاج الجزيرة بأكملها؛ لقد دام غيابه أكثر من عامين، وافتُقد والدي كثيرًا. وكل من لم يشعر بإخلاص حقيقي تجاهه، توقع عودته بسرور على الأقل بسبب الهدايا التي سيجلبها إلى الكبار والصغار في زنجبار. ولكن بعد انقضاء فترة كافية للسماح بوصول المسافرين، لم تظهر في الأفق أي سفينة. وأصبح الناس قلقين في كل من المدينة والريف. أما الآن، فقد أدمن العرب على استجواب من يطلق عليهم اسم «العرَّافين» حول المستقبل الخفي، في زنجبار، وكذلك في أوساط السواحيليين، تثير هذه الإساءات العصيان. وقد يتعلم الغجر الكثير من إخوانهم السواحيليين؛ إنهم يمارسون قدرًا هائلًا من الخداع الذي يقابله من ناحية أخرى سذاجة مدهشة. إن أي وسيلة للحصول على تفسير بشأن رحلة السلطان التي طال أمدها كانت تُعتبر مشروعة، وبالتالي فقد جاء الموهوبون الذين ذكرتهم بالنتيجة. وقد أحضروا من كل أنحاء الجزيرة، حتى البعيدة منها؛ وإذا صادف أنهم كبار في السن، كانوا يُحضرون على ظهور الحمير.

ومن أبرز هؤلاء العرافات والتي قيل إنها، أو بالأحرى طفلها الذي لم يولد بعد، تستطيع أن تتنبأ بالأحداث المستقبلية، وبناءً على ذلك استُدعيت

هذه الرهيبة التي لا نظير لها. وأتذكر اليوم الذي جاءت فيه بوضوح. كانت قوتها غير طبيعية. والطفل الذي ادعت أنها تحمله في رحمها لسنوات كان أعجوبة من المعرفة المطلقة: لم يخفَ عنه شيء حدث على مرتفعات الجبال أو في أعماق البحار. فسألها البعض كيف كان حال السلطان، ولماذا استغرقت رحلته كل هذا الوقت. جاء الرد بصوت خافت وواضح. أعلن المخلوق أن ثلاثة أسياد كانوا في المحيط متوجهين إلى زنجبار. وقال إنه سيوجه الضوء نحو سفينة السلطان ليتحقق مما كان يقوم به هناك. وفي فترة وجيزة أعطى وصفًا مفصلًا لنشاط كل شخص بعينه في تلك اللحظة. ثم أمر بتضحية سخية لاسترضاء أرواح الماء حتى يتمكنوا من مراقبة المسافرين وحمايتهم.

وبالطبع أطيعت الأعجوبة حرفيًا؛ فعلى مدى عدة أيام كان المتسولون المحترفون - من جزيرتنا الجميلة التي تؤوي حشودًا منهم - يستمتعون باللحوم والدواجن والأرز الموزعة عليهم، ناهيك عن الملابس والمال. وفي النهاية اكتشفنا، مما أثار اشمئزازنا الشديد، أننا كنا ضحية لكائن يتكلم من بطنه. لقد آمنا جميعًا بالطفل العجيب، بقدرته على كشف الغيب، وكشف الأسرار المخفية عن العين البشرية. ولكن في ذلك الوقت لم يشك أي منا في الكلام من البطن، لأننا حتى ذلك الحين لم نكن قد سمعنا عن شيء من هذا القبيل. إن علوم الغيب والغموض يجتذبان أبناء زنجبار الأصليين بشكل لا يقاوم؛ فكلما كان الظرف أقل وضوحًا كان واقعه أكثر احتمالًا. يؤمن الجميع بالأرواح الخفية، الخيِّر منها والشرير. فالغرفة التي يموت فيها الشخص يجري تبخيرها لعدة أيام، وبما أنه من المفترض أن تكون روح الراحل مولعة بزيارة غرفة المريض السابقة، يُتجنب هذا المكان بدأب، خاصةً في الليل وهو الوقت الذي لا يمكن حمل أحد على الذهاب فيه إلى هناك بأي ثمن.

وتسود الخرافات، فالمرض والخطبة والحمل وجميع أنواع الأسباب تُعطى لاستدعاء العرافين. فيُسألون عما إذا كان المرض قابلًا للشفاء، وإلى متى من المرجح أن يستمر؛ وما إذا كان من الممكن توقع وجود صبي أو فتاة وهكذا. وفي حال تبين أن توقعاتها خاطئة، وهو ما يحدث كثيرًا، فإن العرافة دائمًا ما يكون لديها عذر مقبول. وتزعم أن ذلك اليوم كان يومًا سيئ الحظ بالنسبة لها، ولا شك أنها سوف تحقق نتائج أفضل في المرة

القادمة. وهو ما يحدث بشكل جميل! إن هذه التجارة مربحة إلى الحد الذي يجعل كل من يشارك فيها يأمل قريبًا أن يصبح رجلًا ناجحًا أو بالأحرى امرأة ناجحة.

وفاة سيد سعيد

مرت أيام وأسابيع، ولم يصل السلطان بعد. وبعد ظهر أحد الأيام، أخيرًا، وفيما كان البعض لا يزال يصلي، جاءت البُشرى أن صيادًا قد لمح عدة سفن ترفع علمنا الوطني، على الرغم من أنه وبسبب الطقس القاسي لم يغامر بالخروج بعيدًا. بالطبع يعني هذا أن يكون السلطان عائدًا! لذلك جهز الجميع أنفسهم في أفضل حُلة، وظلوا مستعدين لفترة طويلة للحدث السعيد.

وبينما كنا نجعل الصياد يكرر ما قاله مرارًا وتكرارًا، ونقسم عدة مرات على صحة قوله، وبُعث رسول إلى زوجة أبي في بيت الموتني. وفي الفناء، بدأ الذبح وغلي الماء وإعداد الخبز وكانت الشقق تعبق بالعطور، وجرى ترتيب كل شيء ليبدو مثاليًا. ووفقًا لرواية صياد السمك، كان من المقرر أن تصل السفن في غضون ساعتين. فسارع ماجد برفقة حراسه للقاء أبيه. سافروا في زورقين مواجهين العاصفة التي هددت بهلاكهم، وكان من المتوقع أن يكونوا بيننا مرة أخرى ذلك المساء برفقة سيد سعيد.

وحلَّ الليل ولم يكن هناك مرأى لأي سفينة. وبدأ القلق يعم أرجاء المدينة، وخاصةً بيتنا، ثم دوى إنذار صاخب. كان من المفترض أن ماجد وحراسه قد لقوا حتفهم في العاصفة، ولكن هذا الهاجس تحول إلى خوف من غرق الأسطول بأكمله. وجرى تبادل نذير الشؤم بالحدس، والعكس صحيح، في حين لم تنم عين أحد حتى الرُّضع قبل الاطمئنان على أمان سفينة المسافرين.

وفجأة ظهرت شائعة لم تنل في البداية أي مصداقية، مفادها أن القصر محاط بالحرس والجنود. فاندفعنا جميعًا إلى النوافذ للتأكد من الحقيقة.

كان الليل حالك العتمة، ولكن كان بالإمكان في بعض الأحيان رؤية فوهة البندقية تتلألأ في الظلام، المشهد الذي لم يكن مطمئنًا تمامًا من حيث تأثيره على الكثير من النساء القلقات والأطفال الخائفين. بالإضافة إلى ذلك، فهمنا أن الجنود قد فرضوا حصارًا على المنزل لا يُسمح فيه بالدخول ولا بالمغادرة. كان الجميع يطالب بمعرفة ما حدث وسبب حصارنا، ولكن الأهم من ذلك كان السؤال عمن أمر بهذه الإجراءات. إن ماجد، على حد علمنا، لم يعد؛ كما كان الناس يسارعون ذهابًا وإيابًا في قلق من منزله، الذي كان مراقبًا كمنزلنا.

وفيما كان جميع الخصيان وجميع العبيد الذكور ينامون خارج مسكننا، كان النساء والأولاد أكثر خوفًا. بينما ذهبت بعض النساء الأكثر شجاعة إلى القاعة في الطابق الأرضي، حيث كان بإمكانهن التحدث إلى الجنود عبر النوافذ. لكن الجنود أظهروا عنادًا والتزامًا بتعليماتهم بعدم إعطاء أي معلومات؛ وفي الواقع، تمادوا إلى حد التهديد بإطلاق النار على الخدم كثيري الضجة. واتهمت المفجوعات الباكيات شيطانًا شريرًا بالقيام بهذا الفعل؛ وصرخ الأطفال ولم يكن من الممكن إسكاتهم؛ وصلّت التقيات لله القدير . باختصار، كان المشهد لا يوصف، ولا بد أن المرء الذي وُضع فجأة وسط الفوضى الفظيعة لتلك الليلة المروعة كان يعتقد أنه في مستشفى مجانين.

وبزغ الفجر، وكنا لا نزال نجهل تمامًا سبب سجننا؛ ولم يصلنا خبر من ماجد. ولكن بينما كنا نتفرق في الساعة المعتادة للصلاة، هتف أحد الأشخاص أن الأسطول كان راسيًا في الميناء مع ظهور رايات الحداد. ثم جاء إخواننا - دون السلطان. وأدركنا ما كان يعنيه الحداد على السفن،

وكيف تكبدت الأمة خسارة لا تعوَّض؛ لأنه في أثناء الرحلة من عُمان إلى زنجبار دُعي خادم الرب الأمين إلى الراحة الأبدية. كانت الرصاصة في ساقه التي عذبته لفترة طويلة، قد أدت إلى وفاته. لم يكن الفقيد أبًا مخلصًا لعائلته وشعبه فحسب، بل أكثر الحكام ضميرًا. لقد ظهر كم كان محبوبًا عمومًا عند وفاته، عندما رفع كل بيت، حتى أكثر الأكواخ تواضعًا، رايةً سوداء.

أعطانا برغش، الذي كان قد سافر في سفينة أبينا وشهد وفاته، التفاصيل المحزنة. ونحن مدينون لبرغش لإنقاذ الجثة العزيزة من الدفن في المحيط، وهو أمرٌ يتماشى مع الديانة المحمدية؛ وكان قد أصر على إعادة الجثة إلى زنجبار، وفي الواقع، أمر بصنع تابوت على متن السفينة لحفظ الجثة. وعلى الرغم من أنه كان مدفوعًا بمشاعر عميقة تجاه أبيه، فإنه ارتكب هنا جريمة خطيرة بحق عقائدنا الدينية وعاداتنا. فنحن لا نعترف باستعمال التوابيت، ونؤمن أن على الجميع، الأمير والفقير على حد سواء، العودة في حالة طبيعية إلى الأرض التي أتى منها.

واكتشفنا الآن أيضًا سبب حراستنا الشديدة في الليلة السابقة. أما ماجد في مركبته الصغيرة الواهنة، فكان قد اقتيد من مكانٍ إلى آخر بسبب العاصفة، وغاب عن برغش - الذي كان يقود الأسطولَ بصفته الناجي الأكبر للسلطان في البحر - والذي أنزل الجثة دون أن يُلاحظ ليدفنها سرًّا في مقبرتنا. وتقضي التقاليد بأنه في حالة النزاع على الخلافة، يجري تسوية المسألة علنًا بحضور المُتوفَّى. ولكن كان برغش راغبًا في الاستيلاء على مقاليد السلطة بنفسه؛ فهو يعلم أنه إذا جرت المناقشة الشعائرية المقررة، فسيبرهن أخوه الأكبر ماجد أنه المفضل عمومًا، وبالتالي خلص إلى منع أي نتيجة من هذا القبيل. لذلك، ومباشرة بعد إرساء السفينة تسبب في محاصرة المنزلين. ولكن فشلت خطته لأنه لم يُلقَ القبض على ماجد، الذي لم يكن قد عاد بعد. وقد حاول برغش لاحقًا تبرير إجراءاته على أساس أنه أراد تفادي احتمال حدوث ثورة.

وهكذا أصبح ماجد حاكمًا على زنجبار، معلنًا نفسه السلطان في اليوم عينه. أما بقيتنا فقد شعروا بقلق من الشكوك حول المدة التي قد يتمكن بها ماجد من الاحتفاظ بالسيادة؛ فأخونا الأكبر ثويني، الذي كان قد بقي في عُمان وله الأحقية بالعرش، قد يأتي ليأخذها بالقوة من ماجد.

واضطررنا جميعًا في فترة الحداد على سيد سعيد، إلى التخلي عن ملابسنا الجميلة، وارتداء ملابس صوفية سوداء رديئة؛ وحل محل الحجاب المزخرف بشكل جميل حجاب مصنوع من مادة سوداء بسيطة. وتوقف الأشخاص عن وضع العطر ومسح أنفسهم بالدهن؛ فكل من قامت برش القليل من ماء الورد على ثيابها، لتبطل الرائحة الكريهة لصبغة النيلة، جرى التنديد بها بصفتها عديمة القلب أو لعوبًا. وفي الأيام القليلة الأولى كان الأشخاص الكبار ينامون على الأرض وليس على السرير، فقط ليظهروا احترامهم للموتى الذين يرقدون على الأرض الصلبة. وكان منزلنا لمدة أسبوعين كاملين يشبه فندقًا ضخمًا، في حين كان لأي شخص، متسولًا كان أو أميرًا، الحرية في القدوم وتناول الطعام بـ«المجان». وكان طبق السلطان المفضل يطبخ بكميات كبيرة ويوضع للفقراء امتثالًا لتقليد قديم.

تُلزم زوجات السلطان المُتوفَّى، الشرعية والجاريات دون استثناء بالخضوع لفترة حداد ديني تستمر أربعة أشهر. ولا بد أن تمضي هؤلاء البائسات كل وقتهن في غرفة مظلمة؛ فلا ينبغي لهن أبدًا تعريض أنفسهن عمدًا لضوء النهار، ناهيك عن أشعة الشمس. وإذا أُجبرت أرملة لسبب ما على ترك غرفتها المظلمة اصطناعيًا، فإنها تلقي بقطعة قماش سوداء ثقيلة فوق حجابها، حتى تتمكن من تبيُّن طريقها. وتتأثر العينان بهذا الحبس، ويجب بعد ذلك الحذر عند تعويدها على الضوء. وفي البداية، يذكِّر القاضي النساء، أي القاضي أو الحاكم، الذي يظهرن أمامه بالطبع متشحات بالسواد، بترملهن بعبارات معينة. وعندما تنقضي الأشهر الأربعة، يقوم المسؤول نفسه بإنهاء عزلهن الصارم عن طريق الإجراءات اللفظية الأخرى.

وفي هذا التاريخ أيضًا، كان على أرامل أبي أن يخضعن في الوقت نفسه لغُسل كامل، من الرأس إلى القدم. وطوال هذه الفترة تكون هناك خادمة تقف وراء كل واحدة منهن، وتقوم بضرب نصلي سيفين معًا فوق رأس سيدتها. (في حالة أرملة الفقير كان يُسمح باستخدام زوج من المسامير، أو أي شيء من الحديد). وبسبب العدد الكبير من الزوجات اللواتي تركهن أبي، لم يكن ممكنًا إتمام هذا الاحتفال في الحمَّامات، على الرغم من اتساعها، ولكن كان يجب أن يقام على الشاطئ، مما قدم عرضًا غريبًا وحيويًا. ويُسمح للأرامل الآن بتغيير ملابسهن، واعتبار أنفسهن مؤهلات للزواج ثانيةً. كانت زوجات السلطان يظهرن في المنزل عادةً أمام جميع

أقاربهم الذكور وخدمهم الذكور، ولكن خلال الأشهر الأربعة، لم يكن بإمكان أي رجل أن يراهن باستثناء إخوتهن وإخوتهن غير الأشقاء.

وفي السنة الأولى التي أعقبت وفاته، كان البعض منا يقوم بزيارةقبر السيد سعيد كل يوم خميس، عشية يوم الأحد المحمدي. وكان قبره عبارة عن هيكل مستطيل مغطى بقبة كبيرة، حيث يرقد العديد من إخوتي وأخواتي. وبعد تلاوة السورة الأولى من القرآن (الفاتحة)، ثم صلوات أخرى، متضرعين إلى الله تعالى أن يغفر للراحل خطاياه، نسكب عطر الورد وماء الورد على أماكن راحتهم، التي نعطرها أيضًا بالعنبر والمسك، وكل ذلك بينما ننفس عن الرثاء بصوت عالٍ على خسارتنا. فالمحمديون يؤمنون بشكل راسخ بخلود الروح؛ وعلى نحو مماثل، يعتقدون أن أرواح الموتى تزور أحيانًا (غير مرئية) أصدقاءهم الأحياء، الذين يعترفون بهذا الاهتمام من خلال التعبد عند القبور. باختصار، يُعتبر الموتى موضع تبجيل عميق؛ فعندما يحلف شخص محمدي حسن السمعة بحياة أو اسم فقيده، فاعلم أنه يفضل الموت على أن يُخلف بيمينه.

ووصلت إلى زنجبار السفينة التي أُرسلت إلى عُمان بهدف الإعلان عن الكارثة المحزنة التي حلّت بنا، وكان شقيقي محمد ممثلًا لجميع إخوتي وأخواتي في عُمان، للإشراف على توزيع ميراثنا. إلا أن هذه المهمة لم تؤتِ ثمارها، عندما أسرع بالعودة إلى مسقط دون تأخير. كان محمد أكثر أفراد عائلتنا تدينًا؛ فقد سعى منذ شبابه إلى تجنب العالم وشؤونه. وكونه معاديًا للثراء والاستعراض الخارجي، لم يتمتع قط بمنصبه كأمير. أما أكثر ما لم يعجبه فهو الترف الذي وجده في البلاط في زنجبار، خاصةً وأن عُمان لا تعرف مثل هذا البذخ. لقد شعر بعدم السعادة على نحو إيجابي محاطًا بكل الروعة، ومن هنا كان متعجلًا لاستئناف حياته المبسطة المعتادة.

لم تُسوَّ مسألة الخلافة بشكل صحيح. لم يكن ماجد، الذي حكم جزيرتنا، يهتم على الإطلاق ما إذا كان ثويني، الذي تولى الحكم على عُمان، قد اعترف به كسلطان على زنجبار، وهو ما لم يفعله ثويني في الواقع. وفي نهاية المطاف أمكن التوصل إلى نوع من التسوية من خلال النفوذ البريطاني، حيث ألزم ماجد نفسه بدفع مبلغ سنوي لأخيه الأكبر؛ إلا أن ماجد لم يلتزم بالاتفاق إلا لفترة قصيرة، حيث توقف عن الدفع لأنه قد

يظهر كجزية من أحد التابعين. كان ثويني عاجزًا؛ فقد كان لديه ما يكفي لمواجهته في الوطن، وكان فقيرًا للغاية بحيث لم يتمكن من تأكيد حقوقه أمام زعيم زنجبار المزدهر بواسطة حملة مسلحة. بدون اتفاقية وبدون معاهدة انفصلت زنجبار عن عُمان، ومن ذلك الحين فصاعدًا كانت قائمة كدولة مستقلة. ومن ناحية أخرى، ابتكر محمد قسمة مرضية لثروة أبي الخاصة في زنجبار. فـ«الدولة»، كما يفهمها الأوروبيون، لا تعني شيئًا في زنجبار. وكان الدخل والعائدات القومية غير معروفين هناك، فكل شيء يتم تحصيله عن طريق الضرائب كان مُلكًا خاصًا لوالدي. وعن طريق هذا والدخل المستمد من مزارعه الخمس والأربعين - كان المالك الرئيسي للجزيرة - كان يؤمن الخزينة ويتحمل النفقات. في أيامي على الأقل، لم تكن هناك ضريبة دخل، ولا ضريبة أرضية، ولا أي ضريبة صناعية من النوع المألوف هنا.

ثم قُسمت أملاك والدي الخاصة بالكامل، حتى السفن الحربية المتوجهة إلى ثويني وماجد فيما بينهما. يحابي القانون المحمدي الأبناء على البنات في حالات الإرث، لأنه يجب على الرجل إعالة العائلة، وهو ما لا تُلزم به المرأة. ولذلك لم تحصل كل من أخواتي إلا على نصف ما يحصل عليه كل أخ. وأُعلن أنني وأخي رالوب الذي كان زميلي في اللعب في بيت الموتني، قد بلغنا سن الرشد، على الرغم من أن كلينا لا يبلغ أكثر من اثني عشر عامًا. وكان هذا يتناقض مع الممارسة المعتادة، لكن المناسبة أحدثت تغييرات غريبة. ونال كل منا نصيبه من الميراث، وهكذا أصبحنا مواطنين أحرارًا في سن الثانية عشرة. وبقي نصيب إخوتنا وأخواتنا الأصغر سنًا تحت حمية وسيطرة ماجد.

أمرت وصية أبي بإعالة زوجاته اللائي لم ينجبن أطفالًا حتى مماتهن، وحصلت أمهات أطفاله على مبالغ صغيرة نسبيًا. ولا بد أنه افترض أننا سنعتني بأمهاتنا، لأننا ورثنا أكثر بكثير مما ورثن. كما أنه لم يحكم علينا بشكل خاطئ، حيث أستطيع القول، بالنيابة عن إخوتي وأخواتي - الذين عاش منهم ستة وثلاثون بعد أبي - أن أحدًا لم يسئ إلى ثقته الضمنية. فالأم تبقى أمًا، سواء وُلدت أميرة أو جارية مشتراة، ودون اعتبار للمال أو المركز، لديها كل الحق للمطالبة بأن تحترمها ذريتها.

بعد فترة وجيزة من التصرف بالإرث أصبحت مؤسستنا التي كانت ذات مرة مكتظة بالسكان وحيدة ومهجورة، مقارنةً بالأيام السابقة. ترك العديد من إخوتي وأخواتي بيت الساحل إلى جانب أمهاتهم وعبيدهم من كلا الجنسين لتأسيس منازل خاصة بهم. أما خولة وعائشة وشيفانة فلم يفعلن ذلك، وبقيت أنا وأمي معهن في بيت الثاني. كما تغيرت الأمور في بيت الموتني بطريقة مماثلة أيضًا. وكان من الصواب حقًا أن يقوم البعض منا ممن يمتلكون الآن الموارد، والذين يتمتعون بحرية اختيار نمط حياتهم الخاص، أن يخففوا من ضغط المكان بتسليم البيوت الكبيرة لإخوتنا وأخواتنا الأصغر. أما بالنسبة للأطفال الصغار وأمهاتهم وخدمهم، فقد تولى ماجد المسؤولية، وبطبيعة الحال تحمل كافة نفقات الدخل.

مكانة المرأة في الشرق

أنتقل لأكتب عن وضع المرأة في الشرق. نظرًا لكوني ولدت وترعرعت هناك، سيعتبرونني متحيزة ولن أنجح على الأرجح في دحض الآراء الخاطئة السائدة في جميع أنحاء أوروبا، وخاصة بين الألمان، فيما يتعلق بالعلاقات بين الزوجة العربية وزوجها.

عندما جئت إلى أوروبا لأول مرة، قمت أنا أيضًا بارتكاب خطأ الحكم بناءً على المظهر الخارجي. فالوجوه المبتسمة التي رأيتها كلما دخلت الشركة أقنعتني بأن الوضع المحلي في أوروبا كان يفضي إلى السعادة أكثر مما هو عليه في وطني. ولكن في وقت لاحق، عندما كبر أطفالي، وكانوا بحاجة إلى قدر أقل من اهتمامي ورعايتي، أصبحت على اتصال تام مع العالم؛ ثم أدركت أنني كنت مخطئة، وأن الناس والأشياء كانت مختلفة عما تبدو عليه. لقد لاحظت العديد من الزيجات، التي يطلق عليها اسم الزواج، كان القصد الظاهري منها هو إخضاع الأزواج المقيدين للتعذيب الجهنمي هنا على الأرض. ولقد رأيت ما يكفي من الزيجات التعيسة لمنع اعتقادي بأن المؤسسة المسيحية تفوق المحمدية، أو تضمن قدرًا أعظم من السعادة. فلا الدين ولا قبول الآراء التقليدية من شأنه أن يضمن نعيم الزواج؛ إنما يعتمد كل شيء على مدى فهم الزوج والزوجة أحدهما للآخر. وهذا وحده يمكن أن يجلب السلام والوئام الذي يجعل الزواج مبهجًا حقًا. وأنا على دراية تامة فقط بالظروف السائدة في زنجبار، وإن كانت مماثلة تقريبًا للأحوال السائدة في عُمان. ومع ذلك، فقد أمكن الحفاظ على المحمدية في شبه الجزيرة العربية وبين العرب على وجه التحديد في أنقى صورها، وبالتالي يمكنني أن أدعي التحدث باسم الشرق المحمدي بشكل عام - تاركةً الأجزاء التالفة التي تفسدها الضغائن الناجمة عن الاتصال الوثيق مع الغرب المسيحي.

في البداية: من الخطأ أن نفترض أن المرأة الشرقية تتمتع بقدر أقل من الاحترام الاجتماعي مقارنةً بزوجها. فالزوجة الشرعية للرجل - الزوجة الجارية المشتراة ليست بالطبع قيد المناقشة - مساوية للزوج من جميع النواحي، وتحتفظ بمقامها وما يصاحبها من حقوق وامتيازات. وما يجعل المرأة العربية تبدو عاجزة ومقيدة إلى حدٍّ ما في حريتها هو ظروف حياتها المنعزلة. وهذا ما تفعله في كل الدول المحمدية في الشرق، وفي بعض البلدان غير المحمدية، وكلما كانت مكانتها أعلى مقامًا كانت القاعدة أكثر صرامة. ولا يجوز لأي رجل أن يرى وجهها ما عدا الأب والزوج والأبناء والأعمام والأخوال وأبناء الأخ والأخت والعبيد؛ ويجب أن تكون متحجبة ومتسترة في حال دخولها في حضرة رجل غريب أو تكلمت مع أحدهم. حيث يجب إخفاء جزء من الوجه، والذقن، والعنق، والكاحلين. وبطاعة هذا القانون، يمكنها التنقل كما تشاء وتتردد في الشوارع. أما الإناث الأقل شأنًا، اللواتي لديهن القليل من الخدم أو ليس لديهن خدم، فيضطررن للخروج كثيرًا، وبالتالي يتمتعن بحرية أكبر. وإذا سألت مثل هذه المرأة عن رأيها، فستجد أن هذه القوانين لم توضع للفقراء. ولا بد لي من الاعتراف بأن سيدات المناصب يحسدن النساء الفقيرات على هذه الميزة، والتي تعود على نساء عُمان نظرًا لعدم تمكنهن من الاحتفاظ بالعديد من الخدم في بلدهن غير المزدهر.

لكن قد تخرج المرأة الغنية في النهار. في حال مرض أو وفاة أحد الأقارب يمكنها الذهاب إلى المنزل، أو قد تمثل أمام قاضٍ لتمثيل مصالحها الخاصة، حيث لا يوجد محامٍ. ولكن التقاليد تقضي بعدم الاستفادة من هذا الامتياز إلا في ظل الضرورة الملحة؛ الانحناء ثانية تقليد، لأن الغرور يجعل النساء يكرهن التستر ويشبهن الدمى المتحركة. وعلى الرغم من أنني

أعترف بأن النظرة الشرقية تتسم بالإسراف والتبذير، فإنني أجد المفاهيم الأوروبية فيما يتصل بالملابس غير قابلة للتحسين؛ يبدو أن الزي الذي ترتديه النساء هنا في الحفلات الراقصة يشير إلى مبالغة أسوأ في الاتجاه المعاكس.

فالمرأة التي ليس لها علاقات ذكورية تعتبر في الواقع موضع شفقة. فهي بمنأى تمامًا عن الجنس الأقوى بسبب الدين والعادات، وبالتالي تفتقر إلى المشورة والحماية، وقد تتعرض لمضايقات شديدة؛ وهي عرضة للسطو على يد مضيفها، وبخلاف ذلك يمكن خداعها. وفي الواقع، تزوج العديد من معارفي هربًا من الوقوع ضحية للخداع المستمر. حتى إن العزل القسري للنساء قد يذهب بعيدًا بما يكفي ليصبح مرهقًا للغاية. ومع ذلك، فإن المرأة الشرقية ليست بحاجة إلى كل التعاطف الذي ينهمر عليها من أوروبا؛ فهي لا تشعر بالقيود كثيرًا، لأن التعوُّد يجعل أي حياة مقبولة.

وهي لا تزال تشعر بالتعاطف أكثر بسبب تعدد الزوجات، لأنها مجبرة على مشاركة حب زوجها مع شخص آخر أو آخرين. حيث تسمح الشريعة للمسلم بأربع زوجات، وإذا ماتت إحداهن أو طلقها فبوسعه أن يتزوج خمس نساء؛ أما الجاريات فيمكنه أن يشتري بقدر ما يحلو له. لكنني لم أرَ قط رجلًا لديه أربع زوجات في وقت واحد؛ فلا يمكن للفقير سوى تحمل تكلفة زوجة واحدة، ولا يتجاوز الغني زوجتين، تعيشان منفصلتين، لكل منهما منزلها الخاص. بينما تحافظ بعض النساء على استقلالهن، حيث يطالبن الخاطب بتوقيع عقد يُلزم فيه بعدم الزواج من أخرى أو شراء جارية.

ومن الناحية العملية، يهيمن الزواج من امرأة واحدة. ولكن إذا استفاد الرجل من حقوقه القانونية بالكامل، فمن المحتمل أن تحدث حالة مؤلمة من الخيانات. ومن الطبيعي أن يتغلغل ما يكفي من الكراهية والحقد في الأمر، وأن يغلي دم الجنوبية الحار في غيرة غاضبة - والتي لا بد وأن يميل ظهورها المتكرر إلى إثبات مدى غيرة حب الشرقيين من أختها الشمالية الأهدأ. غالبًا ما تجعل الحياة متعددة الزوجات الغيرة نفسها غير قابلة للاحتمال، وهذا أمر جيد. فكثيرون من الرجال الأغنياء يترددون إزاء المشاهد والمشاجرات اليومية، مفضلين نظام الزوجة الواحدة في مثل هذه الحالة الطارئة. إن تعدد الزوجات هذا لا يعترف بالدفاع ولا بالعذر،

فكل شخص قادر على التفكير بذكاء، وخاصةً كل امرأة، يجب أن ترى بوضوح.

ولكن ماذا عن الزواج بين المسيحيين والأوروبيين المتحضرين؟ لقد تجاوزت تعدد الزوجات الموجود باسم المورمونية في طائفة مسيحية في بلد مسيحي. فعند القدوم إلى مجتمع محترم في أوروبا، هل يعتبر الزواج حقًّا مؤسسة مقدسة؟ أليس من السخف الحديث عن زوجة «واحدة»؟ صحيح، إن التشريع المسيحي لا يسمح إلا بزوجة واحدة، وهذه نعمة عظيمة. فأنا أرى أن المسيحية تأمر بالخير وكل ما هو جيد، بينما تسمح المحمدية بكل ما هو سيئ. ومع ذلك فإن العادات والحقائق السائدة في الحياة الشرقية تخفف من العواقب السيئة للشريعة إلى درجة ملحوظة، بينما هنا غالبًا ما تكون الخطيئة هي السائدة على الرغم من التشريع. يبدو أن الفرق الوحيد تقريبًا بين وضع المرأة الشرقية ووضع المرأة الغربية هو أن الأولى تعرف عدد وربما طبيعة وشخصية منافسيها، في حين تبقى الأخرى في حالة من الجهل الساحر.

بالطبع لا يستطيع أي شخص سوى الأثرياء شراء الجاريات. إماءً في البداية، ثم تضمن لهن الأمومة التحرر. وفي حالات نادرة، يبيعهن السادة القساة بعد موت الطفل، نظرًا للشبع أو من أجل المال. وعند وفاة الرجل تصبح جميع جارياته أحرارًا. وإذا تزوجت إحداهن أخًا أو قريبًا لسيدها السابق، فإنها تفعل ذلك كزوجة عادية، أي تكون الزوجة الشرعية.

تُعد معاملة العربي لشريكته بازدراء محض خرافة. أسس عقيدتنا المسيحية وحدها من شأنها أن تمنع ذلك، وإذا كانت المرأة من بعض النواحي تعتبر أقل شأنًا من الرجل، فهي في الوقت نفسه موصى بحمايتها بسبب ضعفها. ويُظهر المسلم المتدين الذي يتقي الله نفس قدر لُطف الأوروبي المهذب والمثقف، وربما حتى يحكم نفسه بمزيد من الصرامة، حيث لا ينسى أبدًا وجود الله المطلق، ولا يتخلى حتى أنفاسه الأخيرة عن إيمانه الراسخ بالعقاب الإلهي. بطبيعة الحال، تجد البائسين في كل مكان ممن ينكرون على زوجاتهم القدر اللائق من المودة والاهتمام، ولكن بوسعي أن أؤكد بأمانة أنني سمعت هنا عن أزواج حنونين يضربون زوجاتهم أكثر مما سمعت عنه في الوطن؛ فالعربي الصالح يظن أنه يُحقِّر نفسه وبالتالي

ينقض العهد. أما بالنسبة إلى الزنوج فالأمر مختلف بالطبع، كثيرًا ما كنت أتدخل بين زوجين لأفض نزاعهما وأعقد السلام.

كما أن المرأة لا تخضع دائمًا لكل نزوات زوجها، وإذا أساء الزوج إليها، فلها أن تلتمس الدعم من أقاربها، أو يحق لها، إذا كانت وحيدة أن تطلب عدالة القاضي. وفي بعض الأحيان تخوض معركتها بنفسها. قبلت صديقة حميمة لي في سن السادسة عشرة الزواج من أحد أبناء عمومتها الذي يكبرها سنًا بكثير، والذي كان غير جدير بها على الإطلاق. فقد كان يعتقد مستهترًا أن زوجته ستتحمل أي شيء؛ وكانت دهشته كبيرة لدى عودته إلى المنزل في إحدى الليالي، ليجد رسالة مكتوبة بلغة قوية تنتظره بدلًا منها. كنت معتادةً على زيارة صديقتي في منزلها دون أن أخطرها، لأنني كنت أعلم أن زوجها المبهج يفضل ملذات المدينة. ولكن جاءت في أحد الأيام لتخبرني ألا آتي لزيارتها دون إعلامها مسبقًا، لأن زوجها ملازم للمنزل الآن. فقد جاءها نادمًا وطلب منها العفو؛ بعد أن اكتشف ذات مرة كم كانت حازمة، حرص على عدم الإساءة إليها ثانيةً. قد أقتبس أمثلة أخرى لاستقلال المرأة.

عندما يلتقي زوجان فإنهما يقبلان بعضهما أيدي بعض، ويتناولان الوجبات مع أطفالهما. وتقوم المرأة ببعض الأعمال المحبة الصغيرة لزوجها؛ فعندما يخرج تسلمه أسلحته، وتأخذها منه عند رجوعه وتعطيه ماءً ليشرب، وما إلى ذلك، وباختصار تؤدي تلك الاهتمامات الصغيرة إلى جعل الحياة المشتركة ممتعة وسعيدة - وتفعل ذلك دون إكراه. أما بالنسبة للإدارة المنزلية، فهي تتمتع بالسلطة الأعلى. ولا يوجد مصروف مخصص لتدبير شؤون المنزل، بل يشترك الرجل وزوجته في نفس المحفظة، وإذا كانت للرجل زوجتان شرعيتان في منزلين منفصلين فإنه يقوم بتقسيم دخله. ويختلف مدى فرض المرأة لصلاحياتها المنزلية بحسب رغبتها هي وزوجها. وذات مرة، عندما رفض عدد حضور حفلة كبيرة أقمتها في مزرعة لي بسبب صعوبة الحصول على الخيول في الوقت المناسب، عرضت عليَّ سيدة أن تعيرني كل الحمير والسائقين الذين قد أريدهم. فقد ردت باقتضاب على اقتراحي الذي يقضي بأن تحصل على موافقة زوجها على هذا الاقتراح السخي، بأنها لم تعتد على طلب موافقته في مثل هذه الأمور غير المهمة. وكان لدى أحد معارفي الآخرين في زنجبار سيطرة أوسع على

الشؤون المحلية والاقتصادية، وإدارة عقارات بلده ومنازله في المدينة. فهو لم يكن يعلم حتى مقدار عائداته، ولم يعترض على أن يتلقى منها كل ما يحتاجه من المال، وقد حقق نجاحًا كبيرًا بسبب ذكائها وبُعد نظرها.

تقع مهمة تربية الأطفال بأكملها على عاتق الأم، سواء كانت زوجة شرعية أو أمة مشتراة، وفي تلك المسألة تكون محظوظة للغاية. وفي حين يتوقع من سيدة إنجليزية عصرية أن تلقي بنظرة على الحضانة مرة كل أربع وعشرين ساعة، وترسل سيدة فرنسية أبناءها إلى البلد، حيث يتولى الغرباء مسؤوليتهم، فإن السيدة العربية تعتني بهم في كل وقت وتحت أي ظرف، ولا تجعلهم يغيبون عن ناظريها حيث يحتاجون إلى وصاية الأم. فالحب الشديد والاحترام العميق بمثابة أجرها؛ وعلاقاتها بأطفالها الصغار تعوضها عن أضرار تعدد الزوجات، جاعلةً حياتها العائلية سعيدة وممتعة. إن من شهد لطافة نساء الشرق ومرحهن، لا بد وأن يدرك مدى ضآلة الحقيقة في كل قصص اضطهادهن وذُلهن، وعن أحلامهن الفارغة العقيمة.

ولكن لا يمكن الحصول على نظرة عميقة للظروف الحقيقية من خلال الزيارات التي تدوم عدة دقائق. وعلى الرغم من جميع مجاملاته، فإن العربي بطبيعته لا يحب الغرباء - خاصةً إذا كانوا ينتمون إلى دولة أو عقيدة أجنبية - يتجسسون على اهتماماته الخاصة. فعندما تأتي سيدة أوروبية لزيارتنا، نبدأ بالتحديق في محيطها الهائل، كما في ذلك اليوم الذي كانت ترتدي فيه الكرينولين الذي ملأ عرض الدرج. كانت المحادثة شحيحة، وتقتصر عادةً على أسرار اللباس. وبعد عرض الضيافة المعتادة على السيدة، يقوم المخصي بتعطيرها بماء الورد، وتقديم الهدايا عند الوداع، لم تكن لتغادر أكثر حكمة مما كانت عليه عند مجيئها. لقد كانت عند الحريم، وشاهدت النزيلات «التعيسات» (المحجبات)، وتساءلت عن لباسنا ومجوهراتنا وخفة حركتنا في الجلوس على الأرض - وكأن هذا كل شيء. ولم يكن بوسعها أن تتباهى باستكشاف أي شيء بخلاف الأوروبيين الآخرين الذين زارونا. وكان الخصيان يرافقونها من وإلى الباب؛ ولم تكن غير مُراقبة للحظة. ونادرًا ما تُعرض أي شقة على الغربية غير التي يجري استقبالها فيها؛ وتفشل أحيانًا في جعل السيدة المحجبة تسليها. وبإيجاز، لا تحصل على فرصة للتمعن في الحياة العائلية الشرقية ومكانة نسائنا.

نقطة أخرى تتعلق بالزواج: دخول الفتاة إلى ميراث الزوجية لا يغير مكانتها. إن زوجة الأمير التي يرجع أصلها إلى أشخاص بسيطين لا تفكر أبدًا في ادعاء أنها تتساوى معه؛ وعلى الرغم من الزواج، فإنها لا تزال «ابنة فلان»، وهكذا تجري مخاطبتها. وعلى النقيض من ذلك، كثيرًا ما يسمح الأمير أو شيخ القبيلة لابنته أو أخته بالزواج من عبده؛ فيقول لنفسه: إن عبدي هو عبدها وبالتالي تبقى سيدته كما في السابق. غير أنه في مثل هذا الزواج، يكف عن كونه عبدًا بالمعنى الصحيح، على الرغم من أنه يخاطب زوجته بوصفها «صاحبة السمو» أو «السيدة» بطبيعة الحال. فالرجل الذي يشير إلى زوجته في محادثة - والتي يفضل أن يتجنبها - لا يشير إليها أبدًا بوصفها «زوجتي»، ولكنه يسميها «ابنة فلان»؛ أو قد يقول «أم أبنائي»، سواء كان لديها أطفال أو لا.

وفي بعض الأحيان، يجد زوجان لم يتعرَّفا قبل الزواج أن الاتفاق صعب أو مستحيل، ومن هنا يتبين أن الحكم المحمدي المتعلق بالطلاق السهل مفيد دون شك. وبالتأكيد من الأفضل أن ينفصل زوجان يختلفان بشكل جذري في الآراء والشخصية بسلام بدلًا من تقييدهما معًا طوال حياتهما، مع عذابهما المتبادل، الذي قد ينتج عنه عنف أو وقوع جريمة. ثم تستعيد المرأة ممتلكاتها، التي كانت تسيطر عليها بلا قيود طوال الوقت. وإذا طلب الزوج الطلاق، فإنها تحتفظ بهدية زفافها، ولكنها تتنازل عنها إذا وقع الطلاق بمبادرة منها.

وبالنظر إلى كل ما كتبت أعلاه، لا بد أن يظهر بوضوح أن المرأة الشرقية ليست مخلوقًا مظلومًا ومضطهدًا، لا شيء مما كان يقال عنها. وتعد زوجة أبي عزة بنت سيف مثالًا مهمًا، فقد سيطرت بالكامل على سيد سعيد، حيث كان اتجاه المحكمة والدولة محصورًا في نزواتها. وإذا رغب أحدنا في الحصول على أي شيء من السلطان، كان لا بد من موافقتها على الطلب، وقد احتفظت بسلطتها حتى وفاته.

وحالة أخرى أتذكرها هي لابنة ضابط عسكري ينتمي لعُمان. جاءت مع زوجها للعيش في زنجبار؛ كانت حاذقة وذكية؛ ولكن بسيطة على نحو فظيع. ومع ذلك كان يعشقها، ويقابل هواياتها ونزواتها بصبر ملائكي. وكان مجبرًا على مرافقتها أينما ذهبت شاء أم أبى، ولم يكن يمتلك ولا لحظة واحدة لنفسه. لقد كان عبدًا لها.

لا يزال لديَّ شخصية أخرى أريد أن أذكرها لدحض رواية «دونية» المرأة الشرقية. حتى يومنا هذا، يُنظر إلى عمتي الكبرى - أخت جدي - باعتبارها نموذجًا للذكاء والشجاعة والكفاءة.

فعند وفاة جدي حاكم عُمان المعروف بإمام مسقط، نجا ثلاثة أطفال هم والدي سعيد وعمي سليم وعمتي عائشة. وبما أن والدي كان في التاسعة من عمره، فقد كان لا بد من تأسيس نظام وصاية، حين أعلنت عمتي، خلافًا لكل السوابق، أنها ستحكم بنفسها إلى أن يبلغ ابن أخيها سن الرشد، وقضت على المعترضين. أما الوزراء، الذين كانوا يترقبون متعة حُكم البلاد بما يتفق مع خططهم، فقد خاب أملهم كثيرًا، كان عليهم الانصياع. وكانوا يجبرون على المثول أمام الوصي كل يوم لتقديم تقاريرهم وتلقي الأوامر. لقد كانت تراقب الجميع، وبدا أنها تعرف كل شيء، مما أثار غضب العاطلين والمهملين. لقد تخلت عن آداب السلوك بشكل تعسفي. وعندما كانت تتشاور مع وزرائها كانت ترتدي شالها، كما لو كانت تنوي الخروج، غير مبالية على الإطلاق بانتقادات العالم، وعاقدة العزم على إنجاز مهمتها بحكمة ونشاط.

لم تكن تحكم لفترة طويلة عندما اندلعت الحرب، وهو أمر متكرر للأسف في عُمان. حيث أرادت إحدى العشائر المرتبطة بنا الانقلاب على الحكومة، والاستيلاء عليها لصالحهم - وهي مسألة سهلة كما تصوروا، في ضوء الحكم النسائي. لذلك، دمروا البلاد بالنار والسيف، وساروا حتى مسقط، وحاصروها، بعد أن دفعوا إلى تلك المدينة الكثير من الفلاحين الهاربين منهم، بحثًا عن المأوى والعون. إن مسقط منطقة حصينة بقوة، ولكن ما الجدوى من الجدران السميكة في حال نقص الغذاء والذخيرة؟

الآن، أظهرت عمتي ما هي عليه بالفعل، وحازت حتى إعجاب العدو. كانت في الليل تركب مرتديةً الملابس الرجالية لتفقد المواقع الأمامية، وأحيانًا كانت تنجو من أن يُقبض عليها بسرعة حصانها فقط. وفي إحدى الأمسيات خرجت ومعنوياتها منخفضة للغاية، لأنها علمت أن العدو ينوي محاولة الرشوة بهدف اقتحام الحصن وقتل كامل الحامية. عاقدةً على وضع إخلاص قواتها تحت الاختبار، اقتربت من الحارس وطلبت رئيسه، وقدمت حافزًا مغريًا باسم العدو. ولكن غضب هذا الجندي الشجاع طمأنها، مع أنها كادت أن تُقتل بسبب التجسس على يد أتباعها.

تحولت محنة مسقط من سيئ إلى أسوأ. بدأت المجاعة وحلت كآبة عامة. وبدون أي مساعدة متوقعة من الخارج، فقد تقرر على الأقل أن نموت بشرف، والقيام بغارة أخيرة يائسة. ولم يكن قد تبقى من البارود سوى ما يكفي لخوض معركة واحدة؛ ومن ناحية أخرى، لم يعد هنالك دليل. ثم أمر الوصي بجمع كل المسامير، حتى الحصى ذي الحجم المناسب، لصنع ذخيرة للبنادق؛ جرى تحطيم جميع الأشياء الأخرى المصنوعة من الحديد أو النحاس، وإلقاؤها في مدفع؛ نعم، حتى الدولار الفضي في الخزانة ضُحي به - وعُمد إلى صهرها لتتحول إلى رصاص. وأدت هذه الإجراءات الصارمة إلى النجاح. وعلى حين غرة، تبعثرت القوة المعادية إلى أربعة اتجاهات، مخلفة نصف عددها قتلى وجرحى. وأنقذت مسقط.

وبعد ذلك استمرت عمتي الكبرى في الحكم دون مضايقة، وكانت المملكة في وضع مثالي عندما سلمتها إلى والدي، حتى إنه تمكن من النظر إلى الخارج بحثًا عن منطقة جديدة قابلة للغزو - وهي زنجبار. ولذلك فإن حصولنا على هذا المكان الثاني كان بسببها إلى حد كبير.

وكانت امرأة شرقية!

الوصاية العربية والزواج

يُنظم الزواج بين العرب بشكل عام من قبل الأب أو رب العائلة. وليس هناك أي شيء غريب في هذا؛ يحدث هذا كثيرًا في أوروبا، حيث توجد حرية مطلقة في العلاقات بين الجنسين. فكم من مرة لا نسمع عن مبذر طائش، ومدين بشدة إلى الحد الذي يجعل السبيل الوحيد للخروج من هذه الأزمة هو التضحية بابنة جميلة أو ساحرة لدائنه؛ أم أن امرأة لعوبًا تلهث وراء الملذات الدنيوية تدفع طفلتها بشكل إيجابي إلى زواج غير سعيد لمجرد التخلص منها بأي ثمن؟ وهناك آباء عرب مستبدون أيضًا يصمُّون صوت الضمير ويتجاهلون رفاهية أبنائهم في المستقبل؛ ولكن هناك لا يمكن للمرء أن ينظر إليها على أنها إساءة استخدام للسلطة إذا اتخذ الوالدان هذا الاختيار. إن عزلة النساء تجعل هذا المسار حتميًا. إذ يعشن جميعًا بمعزل عن العالم الذكوري، لا يتواصلن إلا مع أقرب أقربائهم من الجنس القاسي، مع أنه يجب على المرء أن يعترف بأنه على الرغم من كل الاحتياطات لا بد وأن تنشأ معرفة بين الحين والآخر وتستمر. ولكن، بحسب القاعدة السائدة، لا ترى أي فتاة خاطبها إلا ربما من نافذة، أو تتحدث إليه حتى ليلة الزفاف.

وفي هذه الأثناء لا يبقى غريبًا عنها تمامًا، حيث تتنافس أمه وأخواته وعماته في وصفه بتفاصيل دقيقة. وفي بعض الأحيان يكون الزوجان قد لعبا معًا عندما كانا طفلين، حيث يُسمح للأولاد والبنات برفقة غير مقيدة حتى سن التاسعة، وبعد بضع سنوات يطلب الشاب من والد رفيقته السابقة في اللعب الزواج منها، ولكن ليس بدون أن يكون قد سمع صوت الزوجة المحتملة عن طريق أمه أو أخواته. وعندما يرفع الشاب دعواه، يبدأ الوالد الحريص المحافظ بالتساؤل: «كيف تمكنت من رؤية ابنتي»، وهو سؤال يجيب عنه بشكل صحيح: «لم أحظَ قط بامتياز النظر إلى ابنتك الموقرة، لكنني أعرف كل فضائلها ولطفها من أقاربي».

وفي حالة كون الخاطب غير مرض تمامًا، فإنه يتلقى رفضًا فوريًا من الأب، الذي يطلب عادةً وقتًا للنظر في الطلب. ثم يأتي هذا الأب إلى المنزل وكأن شيئًا لم يحدث، ويراقب الزوجة والابنة بصعوبة في محادثة معهما. ثم يقوم بشكل عفوي بترك ملاحظة تقول إنه يفكر في إحياء حفلة للرجال النبلاء قريبًا، وعندما يُسأل عمن يعتزم دعوته، يقوم بتعديد أصدقائه. وإذا لاحظ أي علامة سرور بذكر اسم الخاطب فإنه يقتنع بأن النساء من كلا الجانبين متفقات. وبذلك يذكر لابنته أن فلانًا قدَّم طلب الزواج منها، ويستفسر عن رأيها. والإجابة على هذا السؤال عادةً ما تحسم الأمر؛ فلا أحد سوى الأب عديم القلب أو المستبد يقرر دون انتظار موافقتها أو رفضها.

وفي هذا الصدد، أظهر سلفنا عدله الذي لم يخفق أبدًا من خلال ترك أطفاله لتقرير مصيرهم. كانت أختي زينة في الثانية عشرة من عمرها عندما تقدم أحد أبناء عمومتنا البعيدين بطلب الزواج منها. ومع أن السلطان كان منزعجًا من صغر سنها، لم يرفض الشاب دون أن يستشيرها. وكانت زينة قد فقدت والدتها للتو، ولم يكن لديها من يقدِّم المشورة لها، وبسبب متعة الطلب، وافقت على ابن عمها وبالتالي وافق السلطان.

وتنشأ حالات تحدث فيها الخطبة، بل وحتى الزواج، في سن مبكرة جدًا. كان أخوان من زنجبار قد خطبا ليوحدا نسلهما، وعندما كان الصبي من جهة في السابعة عشرة أو الثامنة عشرة من عمره، والفتاة من جهة أخرى، في السابعة أو الثامنة من عمرها، بدأ الحديث بالفعل حول تنفيذ الزيجة. فقد اشتكت لي والدة الصبي، وهي امرأة حكيمة تتمتع ببعد نظر، من عناد زوجها وأخيه في محاولة إجبارها على زوجة ابنها التي كانت لا تكبر إلا قليلًا عن كونها رضيعة، والتي سيتعين عليها أن ترعاها وتربيها. أما بالنسبة

لوالدة الفتاة، فقد كان لها عزاء على الخسارة التي تهددها. وحاولت الوالدتان فيما بينهما الحصول على تأجيل لمدة سنتين. وما نتج أخيرًا عن هذه القضية، لا يسعني قوله، لأنني غادرت الجزيرة.

تُعلن الخطبة رسميًا للأصدقاء والمعارف من قبل الخدم، الذين يذهبون من بيت إلى بيت، مرتدين أفضل ثيابهم، موزعين دعوات حفل الزفاف، وتُقدم الإكراميات ممن تُوجَّه لهم الدعوة. ويتطور الآن نشاط عظيم في بيت العروس، إذ قد تحدث الأعراس في غضون شهر، وفي كل الأحوال لا تكون فترة الخطبة طويلة أبدًا، ولا يلزم الكثير من التحضير في الجنوب المفضل. فالشرقيون ليس لديهم تصور للمواد التي لا حصر لها والتي لا غنى عنها بالنسبة لأوروبا؛ ستصاب «الخطيبة» العربية بصدمة عند رؤية «جهاز العروس» الأوروبية. لماذا الناس هنا مغرمون بتحميل أنفسهم بالثقل؟ ولكن العروس العربية تحصل على القليل نسبيًا من مهرها، والذي قد يتكون - وفقًا لمركزها - من ملابس أنيقة ومجوهرات وعبيد من الجنسين والمنازل والمزارع ومبالغ نقدية. ولا يقتصر الأمر على والديها فحسب، بل يقدم العريس ووالداه الهدايا لها، التي تظل جميعها ملكًا لها.

وخلال الأسبوع الأول يتوقع من الزوجة ذات المركز العالي تغيير ملابسها مرتين أو ثلاث مرات في اليوم. فستان الزفاف الخاص، مثل الفستان الأبيض وطرحة من التول، ليس رائجًا؛ لكن يجب على السيدة أن ترتدي أشياء جديدة من الرأس إلى أخمص قدميها، مع ترك الاختيار لها، وأحيانًا ينتج عن ذلك مجموعة متنوعة من الألوان الجذابة التي لا تزعج العين. وبعد ذلك تُصنع بعض العطور لهذه المناسبة - الريحة، على سبيل المثال، وهو زيت شعر باهظ الثمن يتألف من مسحوق خشب الصندل والمسك والزعفران وعطر الورد. ويشكل العود والمسك والعنبر مجتمعة بخورًا جميلًا. كما ينشغل عدد من الناس أيضًا بالطبخ وصنع الحلوى وتأمين الحيوانات المراد ذبحها.

من الأعراف المملة التي يتعين على المرأة أن تذعن لها، قضاء الأسبوع الأخير من عذريتها في غرفة مظلمة، حيث تمتنع عن ارتداء أي شيء عدا أبسط الملابس - على افتراض أنها ستبدو أكثر جمالًا في الساعة الميمونة. وخلال الأسابيع التي تسبق ذلك، تكون محاطة بالزوار. حيث ترحب بها

جميع النساء العجائز اللاتي عرفتهن طوال حياتها، وخاصة مربياتها، اللاتي ربما لم ترهن لسنوات. ويقوم رئيس الخصيان بتذكيرها أيضًا، الذي حلق شعرها مرة بكل فخر كيف أدى الخدمة المتميزة، فيتوسل إليها ليستمر برعايتها - والاحتفاظ به. وتتلقى عادةً شالًا ثمينًا أو خاتمًا لإصبع اليد اليسرى الصغير أو ساعة أو بضع قطع ذهبية.

فالزوج القادم، على الرغم من أنه لم يُحتجز في غرفة مظلمة، لا يُعفى من مكافأة أي شخص فعل شيئًا واحدًا للسيدة أو له. ويبقى في المنزل في الأيام الثلاثة الأخيرة، ولا يظهر إلا لأعز أصدقائه، فيما يتبادل المديح والهدايا مع شخصه المحبوب بواسطة عائلاتهم.

تقام طقوس الزواج عادةً بعد غروب الشمس، وليس في المسجد، ولكن في بيت العروس، بواسطة قاض، أو إذا لم يكن متوفرًا، بواسطة رجل متدين معروف بالتقوى. أما المؤدية الشرعية، إذا جاز التعبير، فهي لا تأتي إلى مكان الحدث على الإطلاق، إنما يمثلها أبوها أو أخوها أو أحد أقربائها المقربين من الذكور. وإذا لم يكن لديها أي أقارب من الذكور، فإنها تظهر شخصيًا أمام القاضي، متسترة إلى حدٍّ لا يمكن التعرف عليها، وتردد العبارات المعتادة بنبرة صوت تكاد تكون غير مسموعة؛ ولا بد أن تكون الغرفة فارغة عند دخولها، ويتبعها القاضي والعريس والشهود. وعند اختتام الاحتفال، تذهب المتزوجة حديثًا إلى شقتها، فيما يقيم الزوج وبقية الرجال وليمة.

ولا يُعتبر الاستسلام الرسمي للزوجة دائمًا تكملة فورية للزواج، إذ يؤجل عادةً حتى اليوم الثالث. ويتم اصطحابها بكامل زينتها إلى بيتها الجديد، نحو الساعة التاسعة أو العاشرة ليلًا، بواسطة قريباتها الإناث، حيث تلتقي بالزوج وأقربائه الذكور. وإذا كانت هي ذات المنزلة الأعلى، فإنها تبقى جالسة عندما يدخل. وهي تنتظر أن يخاطبها، حيث يمكنها التحدث معه. ولكنها لا تزال تغطي وجهها عنه؛ وقبل أن تكشف، يجب على الزوج أن يعبر عن تفانيه في شكل هدية تتناسب مع موارده. فالفقراء يعطون القليل من المال، أما الأغنياء فيدفعون مبالغ كبيرة.

في هذه الليلة يفتح مالك المؤسسة الباب للضيافة العامة، التي تستمر لمدة أسبوعين. حيث يُرحب بالأصدقاء والمعارف وحتى الغرباء، ويمكنهم تناول الطعام والشراب بما يرضي قلوبهم. صحيح أنه لا يُقدَّم النبيذ ولا الجعة، ويُحظر على الإباضي (الطائفة التي ننتمي إليها) تدخين التبغ؛ ومع ذلك، يستمتع الناس بوقتهم جيدًا. فهم يأكلون ما يشاءُون، ويشربون حليب اللوز وعصير الليمون ويغنون ويقومون برقصات الحرب ويستمعون إلى التلاوات. ويقوم الخصيان بإشعال البخور في حين يرشون ماء الورد على الضيوف.

أما رحلات شهر العسل فهي غير معروفة في الشرق. ولكن يبقى الزوجان الشابان في المنزل بصرامة في الأسبوع الأول أو الأسبوعين، ولا يريان أحدًا، وبعد انقضاء المدة تستقبل الزوجة صديقاتها الإناث، اللائي يأتين كل مساء لتهنئتهما.

عادات اجتماعية

كان من المفترض أن تطلب أي سيدة ترغب في إجراء مكالمة أن يبشر بها إحدى الخادمات؛ نادرًا ما كن يقمن بزيارات ارتجالية. كنا نذهب لرؤية سكان المدينة سيرًا على الأقدام، لكننا كنا نركب في الريف على ظهر البغل أو الخيل. ويُجهز في زنجبار لهذه المناسبات كما يُجهز لها تمامًا في ألمانيا، بغرض إكرام المضيف وعرض الأناقة (على أمل سرقة الأضواء من الآخرين).

وتتجنب السيدات المحمديات الظهور في الأماكن العامة خلال النهار؛ فالعادة تمنح الأفضلية للصباح الباكر أو لليل. ولم تكن الشوارع في زنجبار منارة عندما كنت أعيش هناك، فكان علينا توفير وسائل إنارة خاصة بنا. حيث كنا نستخدم فوانيس كبيرة، بعضها لا يقل عن أربع أو خمس أقدام. كان أجملها يشبه الكنائس الروسية: قبة مركزية كبيرة وأربع كنائس أصغر. وفي كل قسم تشتعل شمعة تتوهج أشعتها عبر الزجاج الملون. يأخذ الأغنياء العديد من هذه الفوانيس، التي كان يحملها خدم أقوياء، أما أبناء الطبقة المتوسطة فيستخدمون واحدًا.

يرافقك العبيد المسلحون، لكنهم يبدون أكثر شراسة مما هم عليه حقًّا. كانوا يسببون الكثير من المتاعب وتكلفتهم كبيرة. لأن كل أسلحتهم، باستثناء البنادق والمسدسات، كانت مطعمة بالذهب أو الفضة، وكان هؤلاء الأوغاد يضعونها في تعهد تافه مع أحد مرابي شرق الهند، لمجرد إرواء ظمئهم في بومبا (نبيذ النخيل). فماذا يمكن أن تفعل السيدة سوى إعادة شراء المعدات مرة أخرى بعشرة أضعاف المبلغ، أو تعيد المخلوقات إلى الخارج من جديد بعد جلدها بشدة؟ ولكن يؤسفني أن أقول إنه حتى هذا الرادع الشديد لم يكن فعالًا كما ينبغي له أن يكون.

وهكذا تبدأ السيدة بعشرات العبيد المسلحين أو أكثر، يتقدمها اثنان وحملة المصابيح، ثم عدد من النساء المنتظرات المتقدمات في الخلف. وإذا تصادف لقاء أحد المشاة، مهما كان مقامه، فقد يأمره العبيد بالخروج عن الطريق، وكان عليه أن يدخل إلى شارع فرعي أو متجر أو مدخل إلى أن يمر الموكب. ووُجِدت صعوبة في تطبيق هذه القاعدة، باستثناء حالة العائلة المالكة؛ فلم يكن بوسع النساء الأخريات المتميزات دائمًا تأكيد حقوقهن، حيث اعترض الخشنون والمشاغبون على هذا الشكل من أشكال الإذعان. ومع أن الأدب في كل مكان يفرض السلوك الأهدأ والخفة في العراء، إلا أن الطبيعة لم تُنكر، وكان الموكب يمضي بمرح بصحبة الكلام الصاخب والمزاح إلى الحد الذي جعل الفضوليين يتوافدون على نوافذهم أو أبوابهم، أو على أسطح بيوتهم.

وصلت إلى وجهتك، أرسلت باسمك. ولكن لم يكن هناك أي تلاعب بالإبهام في الردهة المظلمة أو غرفة الانتظار بينما كانت سيدة المنزل تضع اللمسات الأخيرة على زينتها. فتتبع عن كثب كعب المرسل، ويجري استقبالكم في غرفة المضيفة، أو على السطح إذا كان القمر ظاهرًا - المحافظ على نظافته بدقة والمحدد بالدرابزين. تجلس المضيفة على وسادة طويلة مطرزة بشكل لافت، أو أريكة، بسمك ثلاث أو أربع بوصات، وظهرها مدعوم بأخرى (على الحائط). ولا تأتي للقاء أحد، كما هي الحال في الغرب، فإن المودة الحقيقية أو المتظاهرة ستغمرها، لكنها تترفع في صورة احترام شخصي للزائر أو احترام لمرتبة أعلى.

أما بالنسبة للغرباء من جميع الطبقات، فإن المرأة العربية تكون كتومة ومتحفظة للغاية، مع أن الاختلافات بين أصدقائها الأعزاء من حيث الولادة

والوضع لا تُعد ولا تُحصى. وأعترف أن الجنوبيات يشعرن بالغيرة الشديدة، ولكن انظروا كم هي تحب بشغف أكثر من الشماليات الباردات! هناك القلب هو الرب الأسمى؛ وهنا سنجد أنه غالبًا ما يكون للسبب الفاتر تأثير كامل، ولكن ربما ينبغي للمرء أن يقبل الحياة الأصعب كمبرر لذلك.

فبعد تقبيل رأس أو يد أو حدود شال المضيفة - الأشخاص المتساوون في المكانة يتصافحون بالأيدي - يجلس المرء على الأريكة، ولكن إذا صادف أن يكون أحدٌ ذا شأن أدنى من الآخر، فإنه يجلس بعيدًا دون طلب حفاظًا على كرامته. ولا يعتبر الحجاب منبوذًا ولا شيء آخر سوى لباس القدم. وتُستبدل الصنادل الخشبية التي تلبس في المنزل بالنعال المصنوعة من الجلد عند الخروج، والتي تُنزع بخفة قبل الدخول إلى الغرفة، وهو التزام لا يُعفى منه أحد على الإطلاق. وتُسند إلى الخدم الواقفين عند الباب مهمة ترتيب النعال باعتناء لكي يجدها أصحابها فورًا. وهنا أيضًا لا بد من إطاعة قانون الآداب: حيث تُوضع أحذية النبلاء العالية في المنتصف، بينما تُوضع الأحذية الأخرى حولها في نصف دائرة.

وبعد مجيء الضيف، يقدم الخدم القهوة في أكواب صغيرة، ويتكرر إحضار القهوة مع كل واصل، بالإضافة إلى الثمار الطازجة والحلويات. والضغط على شخص ليأخذ شيئًا ما يُعتبر أمرًا همجيًا. ولا تجد سيدة المنزل نفسها ملزمة بإبقاء المحادثة على مستوى معين - وهي عادة أوروبية مصطنعة ومؤلمة. عوضًا عن ذلك، يتحدث الناس بحرية وعفوية عن أي موضوع يحبونه. ولأن المناقشات لا تتضمن المسارح، أو الحفلات الموسيقية، أو السيرك، أو الحفلات الراقصة، ولأن المرء يفضل حذف الأفكار العميقة عن حالة الطقس، تبقى المواضيع محدودة. عادةً ما يتمحور الحديث حول الشؤون الشخصية والمسائل المتعلقة بالزراعة. فكل شخص يتابع الزراعة في زنجبار، دون الكثير من المهارات أو الأنظمة، ولكن بحماس كبير. وتسير المحادثة بطريقة مبهجة وسط ابتسامات وضحكات بلا قيود، لأننا نحن الجنوبيات نتمتع بنزعة سعيدة ومرحة. ولِمَ لا؟ فنور الشمس الساطع يسكب البهجة، وبذخ الهدايا الطبيعة الطوعية يحول دون الحاجة إلى حساب الغد.

ولا يجوز تحت أي ظرف من الظروف أن يدخل سيد المنزل إلى غرفة تكون فيها زوجته أو أمه أو أخواته يتسلين مع صديقاتهن. ولا يعلو على هذا القانون سوى الملك وأقرب أقربائه من الذكور. لذلك، إذا زار المرء أخته المتزوجة، يجب أن يبقى زوجها غير مرئي حتى المغادرة. وفي حال وجود شيء مهم يتطلب التواصل، فإنه يرسل لطلب حضورها اللحظي في غرفة أخرى. وتفعل النساء الأمر عينه عندما يكون أقاربهن الذكور برفقة أصدقائهم. ويطبق هذا النظام حتى عندما تكون للمرأة زائرة طوال اليوم، من السادسة صباحًا حتى السابعة ليلًا، ثم يواجه الرجال بعض الصعوبة في الابتعاد عن الطريق. بالطبع فإن هذه العادة مرهقة، لكن الشرقي لا يشعر بالضغط. فنظرًا لنشأته على وجهات نظر معينة، وعدم معرفة أي شخص آخر للمقارنة، فمن الطبيعي أن يعتقد أنها صحيحة ومناسبة تمامًا.
إن قوة العرف وتأثيره متماثلان في كل مكان. وأنا لا أنكر بأي حال من الأحوال أن للشرق أعرافًا غير ضرورية أو شاذة، ولكن هل أوروبا خالية من مثل هذه الأعراف؟ هناك، الفصل الأكثر صرامة بين الجنسين؛ هنا، أكثر حرية غير مرخصة لإقامة علاقة. حيث الكبت ووضع الحجاب في أحد الأماكن على الرغم من الحرارة؛ أما الآخر ففساتين ذات عنق منخفض، على الرغم من المناخ البارد. لذا تجد التطرف والمبالغة حيثما تذهب. وبرأيي أن السبب الذهبي لم يُكتشف بعد. وتستمر زيارات السيدات ثلاث أو أربع ساعات. ثم يُعمد إلى إيقاظ العبيد وتجهيزهم ليستأنفوا المسير.
وفي هذه الأثناء، تبقى الفوانيس مشتعلة، وهي مضيعة بالتأكيد، ولكنها عصرية مع ذلك. وبعد تقديم هدية لضيوفها مهما كانت صغيرة، تسمح لهم المضيفة بالمغادرة؛ حيث يجب عليهن أن يعدن عند منتصف الليل، آخر وقت للصلاة الخامسة. وهناك ميزة عظيمة تجنيها المرأة العربية؛ فهن غير ملزمات بالتعبير عن شكرهن على ترفيههن بعد حفلة أو زيارة، وهو تحسن واضح في مقابل تقديم أجمل التهاني إلى مضيفتك، والحط من قدرها بمجرد خروجك من الباب.

وتقتضي عادة قديمة في زنجبار أن يمنح حاكم الأرض مقابلات مرتين في اليوم - قبل الإفطار وبعد الصلاة الرابعة - للذكور من عائلته ووزرائه وموظفيه الآخرين وكل من قد يرغب في التحدث إليه. كانت قاعة الحضور، أو البرزة، التي تقع في الطابق الأرضي من قصرنا بالقرب من البحر، وتتمتع بإطلالة جميلة على سطحه المتحرك. ومع أن القاعة كانت كبيرة

للغاية، كانت أحيانًا غير كافية لجميع المحتشدين. ومثل كل شقة عربية، فقد جُهزت ببساطة مبهرة، حيث لم تكن تحتوي إلا على السجاد والمرايا حتى السقف والساعات والكراسي على الجانبين. وبما أنه لا أحد من العرب البارزين يخرج بمفرده، فإن بضع مئات من التابعين كانوا يندفعون دائمًا حول المدخل؛ من يستطيع يجد مكانًا على المقاعد الحجرية الممتدة على طول الجدران، والباقي ينتظرون في الساحة المفتوحة أمام المنزل لسادته أو أصدقائه. وكان السادة يقبلون دومًا على الجماهير بلباس رسمي كامل، العمامة والجبة (معطف خارجي يصل إلى الكاحلين) وحزام.

يرتدي الرجل العربي في المنزل على رأسه - الذي يُحلق مرة في الأسبوع - قبعة بيضاء غالبًا ما تطرز بشكل جميل؛ وعندما يخرج يلبس عمامته. يتطلب القيام بهذا العمل بعض المهارة من الناحية الفنية، وبعض الوقت، ولهذا السبب يلف الرجل العمامة بحذر لا نهائي. إن القماش المستعمل للعمامات رخيص نسبيًا، ولكن المواد المستخدمة في صنع الحزام يمكن أن تصل إلى مائتي دولار فضي. ويمتلك النبيل دائمًا الكثير من الأحزمة، ويغيرها كما يفعل الرجل بربطات العنق هنا. أما الحرير الأبيض أو الأسود العادي فيلبسه الأشخاص الأقل ازدهارًا والمسنون والذين لا يبالون بالموضة. إن زي الرجل العربي، كما ذكرت، غير كامل بدون أسلحته.

وقبل أن يدخل رجل من السادة إلى قاعة الجمهور، يقوم بخلع حذائه بمجرد وصوله إلى الباب؛ بوجود عامي على مسافة منه. ولا يوجد شك في هذا الاستبداد؛ فهي عادة قديمة يشترك فيها الجميع عن طيب خاطر. حيث يعرب الرجل العربي عن احترامه لجميع المقامات؛ وخاصة أنه يشعر بحس التقديس الغريزي نحو العائلة المالكة.

وعندما تمتلئ البرزة يبدأ السلطان. وفي حياة أبي كان الموكب يسير كما يلي: في البداية كانت هناك سرية من الحراس الزنوج ثم الخصيان الصغار، ثم الكبار منهم، يليهم السلطان وأبناء السلطان الأكبر سنًا، وأخيرًا أبناؤه الأصغر سنًا. وعند باب القاعة يُقيم الحراس والخصيان مسارًا ليدخل من خلاله أبي وإخوتي إلى البرزة. ويتوجه جميع الحضور لاستقبال سيد سعيد، ويحدث هذا عند رحيله بنفس الترتيب مرة أخرى. وإذا غادر أحد النبلاء قبل أن يغادر، فإنه ربما يسير معه بضع خطوات في المكان بينما يقف الباقون في هذه اللحظة.

نادرًا ما كانت القهوة تُقدَّم في الصباح، ولكنها كانت تُقدم بانتظام في المساء. كانت تُقدم الالتماسات والشكاوى ويُرد عليها شفهيًا، ولم تُحبذ المعاملة المستندية للأعمال التجارية. لذلك كان على مقدمي الالتماسات عادةً أن يأتوا شخصيًا. فتُسلم المسائل ذات الأهمية الثانوية إلى الوزير أو القاضي أو رئيس الخصيان. وتدوم الزيارة لساعتين أو نحو ذلك، وتؤجل الأسئلة التي لم يُتطرق إليها إلى اليوم التالي.

ويزور الأمراء بالدم الاجتماع منذ سن الخامسة عشرة، وهي السن التي يكونون فيها ملزمين بذلك. وبالمثل، يجب على كل شخص بارز أن يظهر مرة في اليوم أمام الملك، ما لم تمنعه الظروف الأكثر إلحاحًا. وفي حال غيابه لفترة طويلة، يقوم السلطان بفتح تحقيق ويتوجه بنفسه في حال الإبلاغ عن مرضه. ولا يوجد مرض، مهما كان معديًا بشدة، لا الكوليرا ولا الجدري يُعمل كرادع. لأن كل شيء بيد الله.

يتبادل الرجال المكالمات في توقيت السيدات نفسه، أي بعد الساعة السابعة مساء حسب التفضيل. ويجب على الرجل العربي أن يكون له غرض محدد من الخروج. إنه لا يعلم بوجود «الدستور»، وإذا رأى أوروبيًا يصعد سطح منزله في المساء، فإنه يتخيل هذا كشكل من أشكال الصلاة المسيحية. ولا أحتاج إلى تقديم تفاصيل عن الزيارات التي يقوم بها السادة في زنجبار، والتي تشبه إلى حدٍّ كبير الزيارات التي يقوم بها الجنس الآخر. ولكن تشمل المحادثة مجالًا أكبر من المواضيع، المحلية والوطنية على حد سواء؛ ويمكن مناقشة الثاني من قبل جمهور، وتقديم الالتماسات المختلفة هناك وتسوية الدعاوى. ويُسمح بدخول الأوروبيين إلى الجماهير وإلى التجمعات الاجتماعية للرجال، فإنهم أكثر دراية بهذا الجانب من أعمالنا الأبوية مقارنةً بالحياة المنعزلة للنساء الشرقيات.

الأعياد المحمدية

ولا شك أنه من المعروف جيدًا أن العالم المحمدي يحتفل بصيام شهر من العام طوال النهار كل يوم، وهو احتفال لا يمكن مقارنته بالصيام الكاثوليكي، والذي يُعتبر أسهل بكثير. ويُعتبر هذا الصيام إلزاميًا على جميع أتباع الإسلام، بما في ذلك الأطفال فوق سن الثانية عشرة. ولأن أمي امرأة شديدة التقوى، فقد جعلتني أحافظ على صيام شهر رمضان عندما كنت في التاسعة من عمري. ولا شك أنه لمشقة كبيرة على طفلة ذات تسع سنوات أن تُمنع كليًا عن الطعام والشراب لفترة تصل إلى أربع عشرة ساعة ونصف. لكن إرهاق الجوع أهون من العطش الشديد الذي يمر به المرء في المناطق الاستوائية. وفي سني كانت لديَّ بطبيعة الحال أفكار ضعيفة عن الدين، وأعترف، يا للعار، من أنني كنت أحيانًا أسرق رشفة من الماء؛ وعندما استجوبتني والدتي عن ذلك بكثب، أقررت بالذنب تائبةً، حينها غفرت لي شريطة أنني لن أخالف هذا القانون المقدس مرة أخرى. فالطاعة الصارمة للقواعد لن تسمح حتى للمرء بابتلاع ريقه عن قصد.

وفي الساعة الرابعة صباحًا، تُطلق قذيفة من مدفع كإشارة لبدء الصيام. فإذا كان المرء في منتصف الأكل، يتوقف على الفور؛ وإذا كان المرء على وشك رفع إناء به سائل إلى فمه فإنه يكف عن ذلك فور سماع صوت المدفع. ومنذ تلك اللحظة، لا يجوز لأي شخص بالغ يتمتع بصحة جيدة أن يأكل لقمة أو يشرب قطرة. وهناك أفضلية عامة للنوم في نهار شهر رمضان، والاستمتاع بالنفس حتى وقت متأخر من الليل. وحين تغرب الشمس في السادسة، وبعد الصلوات يمكن كسر الصيام عند السادسة والنصف. وتُحفظ الثمار ومياه الينابيع الباردة في أوانٍ خزفية جاهزة كأول مرطبات لمن عانى. وسرعان ما تجتمع الأسرة لتناول وجبة دسمة على سبيل التعويض. الكبد البسيط المقتصد، يتطور من قبل العربي في شهر رمضان إلى كبد شره.

ونقضي الأمسيات، أو بالأحرى الليالي، معًا اجتماعيًّا، مع التراتيل الدينية، والتلاوة، والقصص، يتخللها الأكل والشرب. وعند منتصف الليل، يوقظ مدفع من ينامون ويحثهم على إعداد السحور، وهي وجبة تُقدم بين الساعة الثالثة والرابعة في غرفة المرء الخاصة. ويمر الشهر كله بهذه الطريقة. وفي البداية، كانت هناك حالات إغماء، وتبدو النحافة على أوجه الناس بشكل واضح. وبالتدرج يعتادون على الحرمان؛ قلة النوم طوال اليوم، وكثير من الذين يخرجون للصلاة فقط وتناول الطعام في الساعة السادسة والنصف يبدأون في الظهور في الأماكن العامة كالمعتاد.

ويجب على جميع أفراد كل منزل أن يحافظوا على صيامهم بصرامة، ويُتوقع من المرء أن يحث خدمه. فعمال المزارع، كونهم عادةً بلا دين، لهم الحرية في الصيام أو عدم الصيام كما يحلو لهم. وكما قلت، الأولاد الصغار والمرضى معذورون، ولكن يجب على الأخير قضاء الصوم بعد الشفاء. كما يُعفى المسافرون والنساء في حالة الحبس، على الرغم من تأجيل الواجب بالنسبة لهن كذلك.

إن الصوم بالطبع ليس مجرد مراعاة لمظاهر خارجية؛ ففي رمضان يخضع المسلم المخلص لفحص ذاتي صارم ليكتشف عيوبه الأخلاقية ويطلب مغفرة الله من ذنوبه - كما في أسبوع الآلام يستعد المسيحي المتدين لتناول الأسرار المقدسة. ويحاول المرء أن يفعل كل ما في وسعه من خير في هذا الشهر، حتى إنه يتجنب قتل الحيوانات البرية. ومن هنا يميل الاحتفال بشهر رمضان إلى تليين القلب، وتقريب الإنسان إلى الله، والارتقاء به ورفعه في الوقت الحاضر، إن لم يكن طوال حياته.

وقد وصلت الضيافة العربية التقليدية الآن إلى ذروتها، وأصبحت في الواقع عقيدة دينية. وكل شخص لديه منزل أو عائلة يدعو في مجلسه عددًا كبيرًا من الناس، بعضهم لا يعرفه كثيرًا إلا بالاسم. وهو ببساطة يطلب من إمام الصلاة في المسجد الذي يحضره أن يرسل عددًا معينًا من الناس إلى العشاء كل ليلة. كما أن ضيوفه لا يقتصرون على الفقراء والمتواضعين، بل يشملون في كثير من الأحيان رجالًا ذوي أهمية عظيمة، وغرباء بعيدين عن المنزل في هذه الفترة المقدسة من العام. إن وجود مثل هذا الشخص يسعد دائمًا العربي المضياف حقًّا. ولا أحد يعترض على قبول الطعام والشراب من أدنى مرتبة؛ وآخر ما يمكن التفكير فيه هو الدفع، لأن عرض المال سيشكل إهانة. ولا يمكن أن ترسخ الأنانية جذورها في ظل مثل هذه المبادئ، وتسعد الأمة التي تعتبر الحب الأخوي واجبًا مصونًا.

إن شهر رمضان يشبه الأسابيع التي تسبق عيد الميلاد المجيد إلى حدٍّ ما، حيث إن الهدايا توزع في بداية الشهر التالي. فما يُصنع باليد لا يُقدَّم غالبًا لأحد، ولا يُستثنى من ذلك حتى المقربون. إن الصعوبات القائمة على السرية هي تلك المألوفة هنا؛ لقد رأيت في كثير من الأحيان شخصية منعزلة تنحني على مهمتها في زاوية غير متوقعة بسبب الضوء الساطع للقمر الأفريقي. وبشكل عام، يمكن شراء الهدايا الجاهزة، ويقوم الصاغة بأفضل الأعمال. وتُحتكر هذه التجارة بالكامل من قبل بانيان شرق الهند، غير مسبوقين في المكر والخداع والتحايل. وكونهم يتمتعون بخبرة عالية في حرفهم اليدوية، فقد حلوا تمامًا محل صائغ الذهب العربي. فتتدفق الطلبات عليهم في هذا الموسم، وهم لا يرفضون أي شيء. وفي حال أردنا أن نتأكد من التصنيع الفوري للسلعة التي طُلبت، حينها نرسل اثنين من العبيد المسلحين لمشاهدة رجلنا أثناء عمله، ولمنعه من تنفيذ طلبات أخرى. ولا شك أن هذه الطريقة الجذرية (اخترعتها أخت لي)، لكنها ضرورية للغاية مع هؤلاء الهندوس السود البائسين، وكلمتهم التي لا قيمة لها، والذين هم جبناء تعساء فيما يتعلق بالصفقة.

إن المجوهرات والأسلحة من الأشياء المفضلة عند التبرع، على الرغم من أن أي شيء آخر مقبول، الخيول الأصيلة، والبغال البيضاء، و- ما يُعتبر فظيعًا بالنسبة للأوروبيين المتحضرين - حتى العبيد!

وهكذا فإن الأسبوع الأخير مليء بالنشاطات والتوقعات. إن ليلة السابع والعشرين من رمضان مقدسة بشكل خاص، حيث تلقى محمد القرآن من السماء. وأخيرًا، عند فجر اليوم العظيم، أو بالأحرى عندما يحل الغسق، لم يكن لدى جميع السكان أي فكرة سوى رصد القمر الجديد. إن تقويماتنا مخصصة للعلماء فقط، ولن تكون ذات فائدة لأن الهلال الجديد يجب أن يكون مرئيًا بالفعل قبل انتهاء الصيام. ويُحسد كل من يمتلك تلسكوبًا أو منظارًا إلى حدٍّ كبير، فالآلة المرغوبة تنتقل من يد إلى يد؛ ويرسل الأصدقاء والمعارف من مسافة بعيدة لاستعارته. وقد كان والدنا يرسل الرجال ذوي النظر القوي إلى سطح الحصن - من بقايا السيادة البرتغالية - وإلى رؤوس الصواري لسفنه، في مهمة رصد الهلال الفضي. ويسود التشويق العام في المساء؛ في كل لحظة يتخيل شخص ما أنه سمع إشارة التوق السعيد - وكل صوت مخطئ في ذلك. وأخيرًا، عندما انفجرت الطلقة، تعبر البلدة بأكملها عن الابتهاج الصاخب وتبادل المجاملات الاحتفالية.

أما في البلد فالأمر أقل بساطة. هناك لا يمكن أن يضمن تدبر الحاكم عدم وجود رمز شفهي بأن الوقت المناسب قد حان. فالناس الذين يقيمون في المزارع يرسلون رسولًا إلى المدينة، والذي بعد تقرير المدفع الكبير قد يركب عائدًا مع أنباء معينة بأن القمر قد شوهد بالفعل. أما البعض الآخر فيدعون العبيد لتسلق أطول أشجار النخيل، حيث يمكنهم هناك فحص الأفق. وبين الحين والآخر يخطئ الراصد عند رؤيته لشريط صغير خفيف من السحاب المنجل القمري (الهلال)؛ وينكسر الصيام قبل الأوان، ويبقى الخطأ غير مكتشف حتى وصول الأخبار من البلدة. وهذا يعني التعويض عن طريق الامتناع المتجدد - مما يسبب صدمة شديدة لروح العطلة.
وخلال الأسبوع الأخير، لم يكن هناك فقط كمية كبيرة من الخبز، ولكن اشتُريت كميات من الثيران والأغنام والماعز والغزلان والدجاج والحمام، مما أدى إلى ملء الإسطبلات. نحن لا نأكل لحم العجل، والمسلمون ممنوعون منعًا باتًّا من تناول لحم الخنزير. والناس الذين يعيشون في ظروف سهلة يعطون المال للفقراء ليتمكنوا هم أيضًا من تلبية احتياجاتهم.

وعند سماع صوت المدفع، الذي يسمح بالبدء الفعلي لما يُسمَّى «العيد الصغير»، يصبح المنزل العربي مسرحًا للإثارة والصخب المتزايد باستمرار. والمئات من البشر الفانين اللاهين يسرعون هنا وهناك، متناسين

ترحيلهم المعتاد بكرامة، وكلهم عازمون على إعلان البركات والتمنيات الطيبة للعائلة والأصدقاء. ووسط هذه المشاعر المجيدة الدينية، يمكن لعدوين أن يتصافحا مُعلنين عن العفو المتبادل، على أمل إرضاء الله من خلال تطهير قلبيهما مما سبق.

وبسبب الابتهاج المفعم بالحيوية، والصيحات المتعددة بألسنة مختلفة، والشتائم على العبيد المرهقين، يكاد يكون النوم مستحيلًا في تلك الليلة. فينقض الجزارون على فرائسهم الخافرة أو ذات الصرير لذبحها، بعد النطق أولًا بمقولة «بسم الله الرحمن الرحيم!» ووفقًا للطقوس المقدسة، يتم قطع حلق الوحش، وقطع رأسه، وسلخ جثته. حتى تصل إلى المطبخ في الوقت المناسب لمأدبة الغد.

وبدا الفناء الخاص بنا وكأنه محيط من الدماء بعد الذبح بالجملة. إن النباتيين الذين يعيشون في زنجبار، وهم البانيان، يكرهون أعيادنا، ويتجنبون الأماكن التي تُذبح فيها الحيوانات. هم المصنعون الوحيدون في الجزيرة تقريبًا، وفي نفس الوقت أكثر البخلاء المرابين. وهم مكروهون بشدة من قبل ضحاياهم، الذين يسخرون منهم في هذه المناسبات بطريقة قاسية. ويدعون أن هناك سيدة ثرية ترغب في إجراء عملية شراء، يغري القساة البانيان - الذين يبحثون دائمًا عن التجارة - إلى الفوضى، وهناك يجعلون منهم عرضة للسخرية العامة. وفي جميع الأحوال، فإن هؤلاء العابدين للنجوم، مهما كانوا فاسدين، يطيعون بأمانة التعاليم النباتية لعقيدتهم.

ولكن ليس الضجيج وحده ما يُبقي النساء مستيقظات. حيث يجهدن عقولهن في التفكير في كيفية التفوق على بعضهن البعض بلبس ثوب رائع. ويستمر المهرجان ثلاثة أيام، يجب في كل منها ارتداء ملابس جديدة - جديدة تمامًا على أدق التفاصيل، من الرأس إلى القدمين. ومن ثم تُستخدم العطور في مثل هذه الوفرة بحيث تماثل كميات الجعة المستهلكة في برلين في ويتسونتايد. وتنفق العديد من السيدات العربيات خمسمائة دولار فضية سنويًا على العطور، ومن المحتمل أن تكون روائحهن قوية في المكان، لكن النوافذ والأبواب مفتوحة باستمرار.

وتلعب الحناء دورًا مهمًا في المهرجانات الشرقية، وهي مأخوذة من أوراق شجيرة، وتستخدم لتلوين أيدي النساء والأطفال باللون الأحمر الدائم، كما تُستخدم أيضًا لعلاج البثور والنمش والحكة. ومع ذلك، فإن أوراق الحناء - تشبه أوراق الآس - ليست فعَّالة وحدها؛ فبعد التجفيف والسحق تخلط مع عصير الليمون وقليل من الماء، ثم تعجن في عجينة، وتوضع في الشمس، وتعالج أخيرًا بعصير الليمون لمنع تصلبها.

وتستلقي المستفيدة ثابتة على ظهرها. وأولًا توضع العجينة على القدمين. ويظل سطحها كما هو، وتُغطى كل إصبع، وباطن القدم والجوانب. وبعد ذلك تُوضع طبقة من الأوراق اللينة وتُضم بإحكام. ثم يُعمل على اليدين بنفس الطريقة بالضبط. ويترك ظهر اليد خاليًا، وتُلبَّس حافة الكف وكل إصبع في المفصل الأول بالعجين وتُثبت. وتستلقي الحسناء طوال الليل بلا حراك حتى لا تتشوه من خلال تحريك العجين. وبالنسبة إلى وضع علامة، قد تُلون الأجزاء التي حددتها فقط؛ إذا ظهرت الحناء على ظهر اليد، أو فوق مفصل الإصبع الأول، فسيُعتبر ذلك بشعًا. ولا يوجد ما يمكن أن يطردن به البعوض والذباب، على الرغم من أن الأثرياء يستطيعون طردهما من قبل العبيد حتى الصباح، وهو الوقت الذي يُزال فيه العجين بعناية. وفي تلك الليلة يبدأ التعذيب من جديد، وفي الليلة التالية مرة أخرى، لأن ثلاث تطبيقات ضرورية لإنتاج لون أحمر غامق غني، والذي سيبقى لمدة شهر، على الرغم من كل غسل. ولا تخضع السيدات الأكبر سنًا والأطفال لهذه العملية، بل يستعملون الحناء بشكل سائل كغسول مبرد لبشرة أيديهم.

وفي صباح يوم الاحتفال، يستيقظ الجميع في الساعة الرابعة، ويتأخرون كثيرًا في الصلاة الأولى، شاكرين الخالق القدير ومدبر الكون بإخلاص على كل البركات الممنوحة، وعلى السوء المصاحب بغرض امتحاننا. وتُختتم هذه الصلوات، وتُشاهد السيدات مسرعات يندفعن على طول الشرفة؛ عازمات على عرض جمالهن على عدد قليل من الآخرين، وبعد ساعة واحدة، ووسط العظمة والروعة العامة، ليس للواحدة فرصة لتميز نفسها فيها. وقد يفكر المرء في المقارنة مع قاعة الرقص، لم تكن رتابة اللون الأبيض الباهت واضحة في الشمال. ونحن، في الشرق، توافقنا فقط على مجموعة متنوعة من الألوان الزاهية. وكم ستصدم امرأة عصرية أوروبية من امرأة عربية مرتدية ملابسها الطويلة من الحرير الأحمر، تشبه القميص، منقوشة ومربوطة بخيوط ذهبية وفضية، ومرتدية سروالًا من الساتان

الأخضر! بالطبع سوف تجد الأمر غير عادي، تمامًا كما فعلت عندما رأيت الأوروبيات لأول مرة أثناء تجوالهن مرتدياتٍ الرمادي على الرمادي والأسود على الأسود. لقد كرهت الألوان المتحضرة، وقضيت بعض الوقت في إقناع نفسي بتبني الذوق «الأنيق».

ويُطلق في الساعة السادسة مدفع آخر. ومن ثم تقرير بعد تقرير للاحتفال بالحدث. ورجال الحرب الأجانب الذين يتصادف وجودهم في الميناء ينضمون إلى إطلاق النار بإحدى وعشرين طلقة كتحية. ويعبر كل عربي عن فرحته بالرمي ولا يدخر البارود؛ ولو أتيح لشخص غريب رؤية هذا المشهد، فلربما اعتقد بالتأكيد أن البلدة تحت القصف. كما تُزين جميع السفن بمرح؛ وتُرفع الأعلام من ساحات وصواري السفن المحلية والأجنبية على حدٍّ سواء.

وبعد ساعة، تمتلئ جميع المساجد، والمئات من الناس الذين لم يتمكنوا من الدخول يؤدون عباداتهم في الخارج. وتتطلب ممارسة عبادة المسلم جهدًا جسديًا، حيث يجب على المصلي أن ينحني لأسفل بشكل متكرر، ويلامس جبهته بالأرض عند حضرة الرب. وفي شارع حجري متسخ، لا يكون هذا سهلًا. ولكن لن يسمح أي تابع مخلص للإسلام للمطر أو العواصف أو أي شيء آخر بالتدخل في صلاته، وفي أيام الأعياد يُعتبر القيام بها واجبًا جادًا داخل المسجد أو بالقرب منه. وكان سيد سعيد معتادًا على الانصياع للقاعدة، حيث كان يزور صرحًا مقدسًا قريبًا مع أبنائه ومرافقيه الذين لا حصر لهم. ويشير إطلاق آخر من المدفعية إلى خاتمة الخدمة الدينية، ومنذ تلك اللحظة يمكن للمرء أن يستمتع ملء قلبه بالأطباق الشهية المفضلة بالنسبة له، والصوم يتوقف فعليًا بعد الصلوات المبكرة.

وننتظر نحن النساء عودة السلطان في جناحه، وننهض جميعًا عند دخوله، لنتقدم ونهنئه، وطبع قبلة على يده المحترمة. وتمر اليد الأرستقراطية لكلا الجنسين بالكثير في الأعياد الدينية؛ حيث تُغسل وتُعطر بلا نهاية من الفجر حتى الغسق. ويُقبِّل ذوو المكانة المتشابهة بعضهم بعضًا على اليد؛ ويلمس أفراد الطبقة الوسطى رأس الرئيس المائل بالشفاه؛ ويمكن للمرأة العادية أن تحيي القدمين فقط.

وفي هذه الأعياد، كان والدي يأمر كثيرًا بتوزيع الهدايا، والتي كانت مماثلة لتلك المذكورة في فصل سابق، ويجري تسليمها تحت إشراف رئيس الخصيان. ولكن الهدايا هذه المرة كانت عالمية. ولم يتبرع السلطان لعائلته وحدها، ولكن لنبلاء آسيويين أو أفارقة يقيمون في العاصمة، ولجميع الموظفين المدنيين، والجنود وضباطهم، والبحارة وقباطنتهم، والعاملين في مزارعه الخمس والأربعين، ولكل عبيده، وربما يعدون حوالي ثمانية آلاف. إن العادة الألمانية الساحرة للأطفال الذين يقدمون هدايا أعياد الميلاد وعيد الميلاد المجيد لوالديهم ليست رائجة في بلدي، حيث يمر عيد ميلاد المرء دون أن يلاحظه أحد، وحيث لا يتلقى رب الأسرة أي شيء من أطفاله.

وليس للمحمديين سوى عيدين في السنة، الأمر الذي قد يبدو غير مفهوم للكاثوليكيين، مع إجازاتهم المتكررة. ويفصل بين «العيد الصغير» و«العيد الكبير» شهران، ويعرف أي منهما باسم بيرام. ويشكل الثاني تكرارًا افتراضيًّا للآخر، ومع ذلك يُحتفل به بشكل رائع، والقلوب مرتبطة بدرجة أعلى من الحماسة المقدسة. إنه أيضًا موسم الحج الكبير إلى مكة، الذي يجب القيام به مرة واحدة على الأقل في حياة جميع المؤمنين الحقيقيين القادرين على الذهاب. ويزور الإسلاميون المتشددون المدينة النبوية المقدسة بأعداد لا حصر لها غير فزعين من الكوليرا والأمراض الأخرى التي ربما تنتقل مع آلاف الحجاج، وهناك يدعون ربهم لمغفرة خطاياهم. ويجب أن يسافر الحجيج لمسافات طويلة سيرًا على الأقدام، والرحلات على ظهر السفن، حيث يكادون يكونون بعضهم فوق بعض، إنه أمرٌ مروع. لكن في رحلتهم؛ يكون مصيرهم بيد الرب. وإن هذا الصمود حقًّا، لا يبالي بالجهد، ولا الشدة، ولا الأخطار، فهو يستحق عينًا ثمينة.

ويكون «العيد الكبير» في اليوم العاشر من الشهر الثاني عشر (ذي الحجة)، ويستمر من ثلاثة إلى سبعة أيام. وكل من كان على مقدرة من أن يشتري غنمًا يذبح واحدة في اليوم الأول ويوزعها على الفقراء. وينص فقه الشريعة على أن الحيوان يجب أن يكون كاملًا، خاليًا من أي عيب أو قصور ولا حتى على مستوى الأسنان. ولا يجوز لمالك الذبيحة ولا أسرته ولا حتى عبيده أن يمسوا لحمها؛ حيث إن كل لقمة تنتمي إلى المحتاجين.

وفي البلدان الشرقية الحقيقية (وأستثني تركيا ومصر وتونس بسبب حضارتها نصف الأوروبية) لا أحد يفهم معنى «الأسهم» و«السندات»، بحيث لا توجد كلمة «استثمار». وتشتمل الممتلكات على المزارع والمنازل والعبيد والماشية والمجوهرات والنقود، وتضمن عقيدة المسلم أنه سيعطي للفقراء عُشر ما تبقى له من محاصيله أو إيجار مساكنه أو غير ذلك من مصادر الدخل. وعلاوة على ذلك، فإن كنوزه من الذهب والفضة والأحجار الكريمة يجب أن يثمنها خبير، وأن يخصص العُشر الأكبر للفقراء - ضريبة الدخل والأملاك في واحدة! ويُطبق كل هذا من دون تنظيم السلطات، والجميع ملزم بنفسه. ولكنها شريعة الرسول المُطاعة بصرامة، التي يجب أن تُنفذ بدون تعليق أو مناقشة، على مبدأ عدم السماح لليد اليسرى بمعرفة ما تفعله اليد اليمنى. ويلتزم المرء بأكبر قدر من الدقة حتى لا يعذب بالندم أو آلام الضمير.

وفي ظل هذه الظروف، يجب على كل دولة محمدية، بالضرورة تقريبًا، أن ينتظم الفقراء الكثيرون فيها تحت رعاية مؤسسة تكفلهم. وإلا كيف يمكن الإعفاء من واجب الضرائب الذاتية؟ والآن، هؤلاء الفقراء لا يشبهون المخلوقات التعيسة التي نشاهدها هنا، لكن نصفهم ربما يمتلكون أكثر مما يريدون في الواقع. إن التسول مهنتهم، إنها طبيعتهم الثانية، وإذا تركوها فسيصبحون تعساء. وفي بعض الأحيان يتحول التسول إلى مهنة موروثة، عندما يمكن مخاطبة أحدهم: «ألا تعرفني؟ أنا ابن (أو ابنة، أو أخت زوج/ زوجة، إلخ) فلان، الذي كنت تُحسن إليه جدًا عندما كان (أو كانت) على قيد الحياة. لقد أخذت مكانه (أو مكانها)، لذلك إذا كان لديك أي شيء من أجله، أرجوك أرسله لي».

وكلما اضطررنا إلى الوفاء بالنذور، وهو ما يحدث عدة مرات في السنة، كان هؤلاء الفقراء يتدفقون للمشاركة في صرف الصدقات المعتاد. أو إذا كان أي شخص مريضًا، فإنهم سيعلمون بالأمر في الحال، ويقفون تحت النوافذ في جماعات، ويكسبون أجرًا عظيمًا مقابل القيام بذلك. ولا أستطيع أن أقول إن كان هذا الشكل من أشكال الصدقة هو الحب الأخوي، أو كان المقصود منه أن يكون وسيلة لاسترضاء الرب؛ على أي حال، فإن هذه العادة جميلة.

ومع ذلك، فإن العديد من المتسولين هم عبارة عن كتلة من القروح. حيث يتجول بعضهم وأنوفهم عفنة أو بها تشويه آخر مروع؛ إذ إنهم ضحايا لمرض نسميه بيلاس، وتتحول الأيدي والأرجل إلى اللون الأبيض كالثلج. ولن يكون لأي شخص علاقة بهؤلاء الأشخاص، الذين يُعتبر مرضهم معديًا. ولا أعرف ما إذا كان المرض المعني هو الجذام. ولكن البؤساء التعساء يحصلون على صدقات وفيرة، مما يجعل وجودهم البائس أكثر احتمالًا. ولا يعني ذلك أن العطاء كله يتوقف عند عيد بيرم الكبير. ولا يقبل أولئك الذين كانوا مرضى، أو احتُجزوا بطريقة أخرى، من خلال رحلة ربما، وحرموا من حضور التوزيع، لا يقبلون أبدًا بالتنازل عن مطالبهم. وربما تكون قد مرت أسابيع أو شهور منذ العيد، أو حتى قد اقترب العيد التالي؛ فهم مع ذلك يأتون ويطلبون هداياهم.

العلاج الطبي

يترعرع الناس في الأراضي الشرقية دون اهتمام خاص بأي قواعد أو رعاية صحية. ولا يستدعي إلا الداء الشديد يد عون الطبيعة، إلا أن الوسائل المستخدمة تنطوي على الخزعبلات. فيتمثل العلاج الشامل الأكبر في الحجامة، لكل سقم، من الجدري إلى الكوليرا، كما تُعد هذه العملية الفظيعة وقائية. ومن ثم يُذعن حتى الأشخاص الذين يتمتعون بحالة صحية جيدة للحجامة مرة واحدة على الأقل في السنة، لتتطهر دماؤهم وتتقوى أجسادهم ضد المرض المحتمل في المستقبل. وأتذكر انفجاري في صرخات صاخبة في مناسبة معينة في بيت الموتني، عندما رأيت إحدى أخواتي بيضاء شديدة اللمعان بعد إراقة دمها؛ وقد فقدت وعيها من شدة الوهن الناتج عن خسارة الدم، وتصوَّرت من المشهد مفارقتها الحياة.

ويُعد تدليك أطراف البدن مقبولًا ومفيدًا. وكان عبيدنا خبراء للغاية في تلك الممارسة؛ فقد ذكرت من قبل كيف هوَّدونا وأيقظونا عبر هذه العملية. كما أنها تلقى رواجًا لمختلف أنواع التوعك، وخاصةً «لأوجاع الجسد». ويتطلب التقيؤ - وهو علاج محبوب آخر - احتساء أعشاب تسبب الغثيان، ممزوجة لجعل المشروب فظيعًا إلى درجة أن مجرد مقاربته للأنف تستحضر التأثير المرغوب.

ونناشد الله في حالة المعاناة من داءٍ شديد، باستخدام جُملٍ من القرآن الكريم. حيث يكتب أحد الأفراد المعروفين بعيش حياة يُقتدى بها الجُمل على طبق بمحلولٍ من الزعفران. وتتحول هذه الكتابة بمزجها بماء الورد إلى مشروبٍ ليحتسيه المريض، الذي يأخذ منه ثلاث جرعات في اليوم. ويُراعى أكبر قدر ممكن من الحذر خشية انسكاب قطرة من الشراب المقدس. وقد تناولت هذا الدواء بنفسي لعدة أسابيع متتالية عندما أصابتني حمى خبيثة.

وحدثت حالات استثنائية يُستدعى بموجبها رجل طبي - سواء كان طبيبًا حقيقيًّا أو ساحرًا - إلى سرير المريض. فبعد معاناة أختي خولة الطويلة من وجع الأذن المتواصل أُستُدعيت لترى طبيبًا فارسيًّا ذائع الصيت، وحصلت على إذن للذهاب للاستشارة. ولُفت خولة بالأقمشة بحيث لا يمكن التعرف عليها، مع ترك الأذن العليلة مكشوفة. ومن ثم جلست على سطح الديوانية. وتولى على يمينها والدي منصبه واقفًا وأخي خالد على يسارها، وشكَّل إخوتي الأصغر نصف دائرة تحيط بهم، مكتسين بثياب الدولة الرسمية ومسلحين بالكامل. ودخل الطبيب إلى الغرفة برفقة مجموعة من الخصيان، وتمركز آخرون منهم في أجزاء متفرقة من المنزل لتحذير النزيلات لكيلا يقابلن الرجل الفارسي. ولم يجرؤ بالطبع على مخاطبة أختي، بل أجرى فحصه الطبي عبر والدي وإخوتي.

وعندما أصبت بحمى التيفوئيد في وقت لاحق وفشلت جميع العلاجات المحلية، قررت عمتي عائشة الاتصال بأوروبي. ونظرًا لوفاة أبي وكوني سيدة نفسي إلى حدٍّ ما آنذاك، لم تتكرر زيارة خولة المولعة بالمراسيم. وأصر الطبيب المعني، على الرغم من علمه بالعادات العربية، على جس نبضي، ووافقت على ذلك عمتي في نهاية المطاف، التي كانت قلقة للغاية تجاهي بصدق. ومع ذلك، نُظمت مجموعة من الخصيان، ومثل خولة، كان لا بد من لفي بالأقمشة إلى حد عدم التعرُّف عليَّ (كنت فاقدة الوعي آنذاك، وسمعت الحكاية من عائشة بعد ذلك). وبناءً على طلب الطبيب لرؤية لساني، وبَّخه كبير الخصيان بعنف بسبب هذا الطلب الوقح، إلى درجة مغادرة تلميذ أسقليبيوس للمكان، شاعرًا بإهانة كرامته المهنية على نحوٍ جسيم.

ولا يملك العربي أدنى فكرة حول تصنيف الأمراض. فلا يعرف إلا نوعين؛ «آلام الجسد» و«آلام الرأس». وتنتمي إلى الفئة الأولى أي شكاوى تصيب المعدة أو الكبد أو الكُلى، أما الفئة الثانية فتندرج فيها جميع مظاهر الضيق التي قد تصيب الرأس، سواء كانت ضربة شمس أو تليُّن في الدماغ. ولا يكتشف أي أحد قط السبب الأساسي وراء المرض، وإن ثبت عدم جدوى العقاقير المنزلية، يُطلب طبيب أوروبي للمعالجة في بعض الأحيان. ولكنه يوضع بالتالي في مأزق حرج - فهو ممنوع من رؤية المريضة، ومضطلع بشكل مشبوه فيما يتعلق بحالتها. فلا عجب إذن، إذا أعاد الدواء الخطأ، أو في أفضل الأحوال، شيئًا غير ضار.

وبشكل مماثل، لم يُسمع باتباع حمية غذائية قط. فلمريض الكوليرا أو الجدري أو حمى التيفوئيد الذي يتمتع بشهيته أن يشبعها بأي طعام متوفر في المطبخ. وينطوي الافتراض على وجوب فائدة ما تشتهيه طبيعة الفرد. وهكذا يحكم الأمر الإلهي في كل شيء، وفي العادة، يعمى المسلم عن خطر العدوى. فلن يتصور أي أحد، على سبيل المثال، فصل المصابين بعدوى الجدري. فأخنى الدهر على الحمّام الذي ذكرته أعلاه، والذي يمر بالممر الذي يربط بين بيت الساحل وبيت الثاني، وبات بمثابة هاوية للمخلفات. ومع ذلك، عندما دعت الحاجة إلى مساحات إضافية، بُنيت أماكن جديدة على أنقاض الحطام المتعفن، حيث عاش السكان فعليًا فوق كتلة من القذارة.

ومن المؤسف اجتياح مرض الجدري ليدمر جزيرتنا مرارًا وتكرارًا، موديًا بحياة الآلاف من الضحايا. فيُعمد إلى تلطيخ جسم المريض بالكامل بمرهم، ثم تعريضه لأشعة الشمس؛ أو يُسكب حليب جوز الهند على جسده. ولكن عندما يكون المريض مغطى بالقروح، ولا يمكنه تحمل ملامسة أغطية السرير، يُوضع على حصيرة من القش أو ورقة طازجة كبيرة من شجرة موز بعد إزالة عرقها الأوسط الصلب. ولا توجد أي طريقة للتخفيف عن الألم الداخلي، ولا يُسمح بأن يلامس الماء جسد المريض.

كما لا يتلقى مرضى السل أي علاج مهما كان، على الرغم من كون المرض موضع تخوف شديد واعتباره مرضًا معديًا - كما تعتقد الجمعية الطبية الأوروبية، ولا يُعد مرض السل ضيفًا نادرًا لسوء الحظ. ويُنبذ مريض السل

من قبل الجميع؛ إذ يتجنب الناس مصافحته، ولا يشربون من الكأس التي استخدمها. ولم يكن عدد أفراد عائلتي الذين ماتوا من مرض السل الفتاك في أوج عطائهم قليلًا. وتُطهر مقتنيات الموتى؛ حيث تُغسل الملابس وأغطية الأسرة على شاطئ البحر، وتُحرق قطع الذهب والفضة إلى حد التوهج.

وينتشر السعال الديكي بين الأطفال بكثرة انتشاره في ألمانيا، حيث يحتسون قطرات الندى المُجمعة من سطح أوراق شجر الموز، ولا تخمد المعتقدات الخرافات أبدًا؛ إذ تُقطع قشرة اليقطين المجففة إلى أقراص صغيرة وتُربط معًا وتُعلَّق حول رقبة المريض. وتُغطى البذور من نوع معين بقشر البصل المنكمش، لتحل محل لصق الضمادات. إن كنت تريد أن تفلق بذرة ما فعليك باستخدام العجين الدافئ. لا يُرجع إلى الطبيب على قيد الإطلاق! لا شيء سوى علاجات محلية بدائية!

ومن ناحية أخرى، هناك طلب كبير على العرَّافين ويتقاضون رواتب جيدة. فعادةً ما كنا نستشير عجوزًا شمطاء عوراء تبلغ من العمر خمسين عامًا. وتحمل أدواتها السحرية في حقيبة جلدية متسخة: أصداف صغيرة وحصى وعظام حيوانات مبيضَّة وقطع من الزجاج والأواني الخزفية المكسورة ومسامير حديدية صدئة وعملات نحاسية وفضية مشوهة وما إلى ذلك. وعندما أمرتها بالإجابة على سؤال، تدعو الإله بأن يرشدها وتهز الحقيبة وتبسط كل ركام محتوياتها أمامها. وتتنبأ بعد ذلك بشفاء المريض وفقًا لموضع كل قطعةٍ من هذه القاذورات. ويبدو أن الحظ كان يحالف هذه المرأة، نظرًا لكثرة تحقق تنبؤاتها مما ضاعف ربح عملها التجاري، إذ تحصل بفضل كل تنبؤ ناجح على هبة مالية إضافية.

ويسهل التخلص من الإصابات الخارجية بطبيعة الحال؛ كأن يوقف فطر الاحتراق نزيف الجرح على سبيل المثال. لكن الأمر يختلف مع الكسور، كما تعلمت على حساب صحتي الخاصة. كنت صغيرة العمر للغاية، وبالتالي كنت غير مؤهلة للجلوس على سفرة وجبات الطعام. وأرسل لي السلطان في أحد الأيام بعض الأطباق الشهية على طبقٍ كنت متحمسةً لعرضه على أمي إلى درجة أنني تعثرت حتى الطابق السفلي وكُسر ساعدي. وقامت عمتي عائشة وأخي برغش بتضميده، لكنهما لم يثبتا العظام بشكل

صحيح. ومن ثمَّ، لم يعد ساعدي مستقيمًا كما ينبغي مرة أخرى، مما يذكرني الآن باستمرار بحاجة أبناء بلدي الملحة إلى خبراء طبيين وجراحيين إلى حدٍّ يثير الأسى.

وأهملت صفحاتي هذه حتى الآن شخصية فائقة الأهمية - جلالته الشيطان! أتصور أن إيمان جميع الشرقيين تقريبًا بوجود شيطان فعلي أمر معروف بشكلٍ عام، في مقابل عدم إعارة الكثير من الانتباه لاعتقادهم بتوليه مكانًا للإقامة بين البشر. من الصعوبة العثور على طفل لم يسبق مسه من قبل الشيطان في أراضي زنجبار. فبمجرد أن يصرخ الطفل المولود حديثًا بصوت حادٍّ جدًا، أو لا يمكن تهدئة صرخاته، تُتخذ خطوات لطرد الشيطان في الحال. ويشكل البصل الصغير وفصوص الثوم المرتبة في عقد للطفل وسيلة بسيطة للطرد – وهي ليست فكرة سيئة إن كان لدى الشيطان أنف. وغالبًا ما يكون البالغون أيضًا ممسوسين، على الرغم من كونهن نساءً لا رجالًا في أغلب الأحيان. وتتمثل العلامات الخارجية في شكل تشنجات وفقدان للشهية وخمول وتفضيل الغرف المعتمة والأعراض المرضية.

ومع ذلك، ومن أجل معرفة ما إذا كنَّ مصابات بالفعل، يُجرى تحقيق رسمي. هن أو أقاربهن يدعون إلى الطقس مجموعة من الأفراد المشهورين بأنهم متعرضون للمس الشيطاني. وتجلس المريضة في غرفة مظلمة، ورأسها ملفوف بحيث لا يخترقها أدنى بصيص من الضوء. ويُعمد إلى تبخيرها بالمعنى الحرفي للكلمة، إذ توضع المبخرة تحت أنفها المغطى بالقماش. ويحيط بها الناس وهم ينشدون أغنية غريبة، ويهزُّون رؤوسهم أحيانًا. كما يجب تناول مشروب حبشي معين، مُعد من القمح والتمور، ويُقدَّم فقط عند تخمره، مما يجعل منه مشروبًا مستساغ الطعم إلى حدٍّ ما. وفي ظل هذه التأثيرات، تدخل بطلة المحفل في نوع من النشوة، وتبدأ في الحديث بشكل غير مفهوم. وتهذي في نهاية المطاف وتضرب الأرض بقدميها وتسهب فمها. هي الآن ملبوسة بالروح الشيطانية. ويخاطبها المتفرجون ويستفسرون عن نيتها، حيث لا يُزار الناس من قبل الأرواح الشريرة فحسب، بل تزورهم الأرواح الطيبة كذلك، لتعزيهم وتحميهم عبر مجرى الحياة. ومن الممكن أن تزور أرواح من كلا النوعين شخصًا في آنٍ واحد، وعندما تكون هناك معركة شرسة، لا يجرؤ إلا أبرز الشجعان على البقاء ليشهد الشعوذة وعملية طرد الأرواح الشريرة المرعبة. وقد تُطرد

الروح الشريرة من قبل عرَّاف متمرس، ولكن بواسطة روح جيدة يمكن إقامة تحالف معها: يجب ألا تُزار «المرأة تحت حمايتها» إلا في أوقات محددة، والتي سترحب بها دائمًا بشكل احتفائي، ويتعين على الروح أن تكشف لها كل ما في جعبتها للمرأة أو لعائلتها.

وترتبط هذه العادات الخرافية الحمقاء بالعادات الأخرى التي يجب وسمها على أنها وحشية. فلن يسمح الكثير من الأشخاص الممسوسين بذبح الماعز والدجاج المختارين لطقوس التضحية السرية الخاصة بهم بشكل مسبق، إلا أنهم يصرون على شرب الدم دافئًا. ويلتهمون إلى جانب ذلك اللحوم غير المطبوخة والبيض النيئ بالدزينة. فلا عجب إن وقع هؤلاء البؤساء المساكين طريحي الفراش نتيجةً لذلك.

ويرد عمَّا قريب أسوأ مثال على الإطلاق. على الرغم من اهتمام المحمديين بالخرافات إلى حدٍّ كبير، فإن العُمانيين يرفضون مثل هذه الممارسات غير المنطقية كما وصفتها. فعندما يأتون إلى أفريقيا، يعتقدون في البداية أننا أجنبيون همجيون، ويودون العودة إلى أراضيهم على الفور؛ ولكن، سرعان ما يتقبلون الأفكار التي استنكروها بحد ذاتها، ويتبنون أكثرها عبثية. فقد تعرفت على امرأة عربية من هذا النوع، اعتقدت بأنها ممسوسة بروح شريرة جعلتها مريضة؛ وكانت مقتنعة بإمكانية استرضاء الروح إن أقامت احتفالات على شرفها.

يبدو لي أنه كان من الأفضل إرسال أطباء إناث إلى زنجبار بدلًا من الأشربة المحبطة. فلماذا يجب أن تلاقي الحضارة الرذيلة دائمًا؟ تمثل هذه فرصةً للمحبة الأخوية المسيحية، ولن تكون الصعوبات هائلة. من ناحيتي، أود برغبتي، إن قررت جمعية ما مبعوثةً مناسبة، أن أساعدها في تعلم اللغة العربية والسواحيلية - وهو أقل ما يمكنني فعله من أجل بلدي الحبيب. ولا بد أن ينجح هذا المشروع من وجهة نظر مالية. ولكن يجب أن تكون الطبيبة امرأة. فيمكنها أن تفعل أكثر مما قد يفعله عشرة رجال في الشرق - فغالبًا ما تفضل السيدات حتى هنا الطبيبات - ويمكن كسب قلوب الشرقيين بسهولة من خلال الإصغاء والبهجة والطيبة.

العبودية

كنت لا أزال طفلة عندما انتهت المدة التي وجب بانقضائها، وفقًا لمعاهدة أبرمت بين إنجلترا والسيد سعيد، إلزام الرعايا البريطانيين الذين يعيشون في زنجبار بإطلاق سراح عبيدهم. لقد كان وقتًا عصيبًا بالنسبة للمالكين، الذين اشتكوا بمرارة، وأرسلوا زوجاتهم وبناتهم لاستجداء عاطفتنا، على الرغم من أننا بالطبع لا نستطيع فعل أي شيء من أجلهم. واحتفظ البعض بمائة أو أكثر من العبيد ليعملوا في عقاراتهم، والتي لم تعد تدر عائدات دون عمَّال، مما يعني هلاك أصحاب العقارات. إلى جانب ذلك، تمتعت جزيرتنا الآن بميزة ثرائها بوجود بضعة آلاف من المتسكعين والصعاليك واللصوص. وقد فهم الأطفال البالغون المحرَّرون الحرية للدلالة على إعفائهم من العمل من الآن فصاعدًا، وقرروا الاستفادة من هذه الحرية بأقصى درجة ممكنة، سواء أكانوا مؤهلين للمأوى والممتلكات من أي شخص، أم لا.

وكان الرُّسل الإنسانيون المناهضون للعبودية في معزل. ألم يبلغوا هدفهم في تحرير هؤلاء المساكين البائسين من إهانة العبودية؟ لم يشكل ما قد يحدث بعد ذلك مصدر قلق بالنسبة لهم، وقد صُنع ما يكفي أن قامت السيدات بحياكة جوارب صوفية سميكة لهؤلاء المقيمين في المنطقة الاستوائية. دع الحكام هناك يتعاملون مع المشردين الكسالى بقدر استطاعتهم، إذ يجب أن يكون كل من زار أفريقيا، أو البرازيل، أو أمريكا الشمالية، أو أي بلد آخر يعيش فيه الزنوج على دراية بنفورهم من العمل، مهما كانت فضائلهم.

وأكرر أن الرعايا البريطانيين فقط هم وحدهم من لم يتمكنوا من الاحتفاظ بالعبيد بعد التاريخ المتفق عليه؛ وبالنسبة لوالدي، لم يكن للإنجليز الحق

في فرض حكمهم على بلاده، وبالتالي لا تزال العبودية موجودة في زنجبار، كما هي الحال في جميع الدول المحمدية في الشرق. ومع ذلك، يجب على المرء ألا تكون وجهات نظره حول العبودية الشرقية في ظل سوابق أمريكا الشمالية والبرازيل، حيث يُعد عبيد المحمديين أفضل حالًا بشكل لامتناهٍ.

وتنطوي إحدى الميزات السيئة جدًّا على طبيعة التجارة، وهي مأخوذة من قلب الداخل، إذ إنه يجب عليهم السير طويلًا للوصول إلى الساحل، حيث يموتون في المياه الضحلة من شدة الجوع والعطش والتعب. إلا أن تاجر العبيد، الذي يتعرض لنفس الصعاب، يمكن دون أي مبرر أن يوصف بأنه وحش. إذ تتطلب مصلحته الحفاظ على العبيد، فقد تمثل تلك القافلة ثروته بأكملها. وبمجرد الوصول إلى وجهتهم، يُعتنى بهم جيدًا. ويصح وجوب عملهم دون أجر، لكنهم معفون من كل ما يقلق، وإعالتهم مؤكدة، ويرغب أسيادهم في ترفيههم. أم أن كل غير مسيحي حقير بلا قلب؟

ويتسم الزنوج بالكسل الشديد، ولن يعملوا طواعية، لذلك يجب مراقبتهم بصرامة. وهم ليسوا ملائكة مثاليين، فمن بينهم لصوص، وسكارى، وهاربون، ومخربون. ما العمل مع هؤلاء؟ السماح لهم بالإفلات من العقاب غير وارد، حيث سيعني ذلك دعوة لنشر الفوضى. ويتضاحك مخلوق من تلك الطبقة عند ذكر السجن على مسامعه؛ ستغمره السعادة العارمة لاحتمال أخذ قسط من الراحة لبضعة أيام في مكان بارد، لجمع القوة لارتكاب آثام جديدة. وفي ظل هذه الظروف، لم يبقَ خيار غير الجلد. ويدعو هذا إلى تعالي صرخات شديدة في دوائر معينة هنا، وهي دائمًا ما تستند إلى النظرية المجردة، وتترفع عن دراسة الموقف العملي. نعم، الجلد أمر غير إنساني. ولكن دع شخصًا ما يقدم بديلًا. بالمناسبة، ألم يكن

من الأفضل إجراء جلد في السجون الألمانية بين حينٍ وآخر، بدلًا من تطبيق «إنسانية» زائفة بشكل عشوائي على السجناء من جميع الأنواع؟

ولا بد من إدانة الاستبداد، سواء أُلحق بالزنجي الفقير، أو بالأبيض المتحضر الكادح في منجم سيبيري. ولكن لكي نكون منصفين، لا يمكنك أن تطبق نفس معيار الصواب والخطأ في كل مكان. فالعبودية مؤسسة عريقة بين الشعوب الشرقية؛ وأشكك بإمكانية إلغائها بالكامل؛ وعلى أي حال، تُعد محاولات تدمير عرف موقر دفعة واحدة محاولات حمقاء. ولذلك يجب على الأوروبيين البدء ببطء، وأن يجعلوا من أنفسهم في المقام الأول نموذجًا يُحتذى به. ويمتلك العديد من الأوروبيين العبيد في الشرق، حيث يشترونهم بما يتناسب مع مصلحتهم. ولم يُبلغ عن هذا في أرض الوطن، أو يقال إنه يتم «لصالح العلم». استخدام عربي العبيد في الحقل أو في أداء الأعمال المنزلية، وإجبار أوروبي العبيد على المهمة الأصعب المتمثلة في النقل، أو «الحمَّال» - أين الاختلاف من وجهة نظر أخلاقية؟ وبعد ذلك، لا يحرر مالكو العبيد الأوروبيون رقبة الزنوج دائمًا بعد انقضاء فترة الخدمة الطويلة، كما يفعل العرب في كثير من الأحيان، بل يعيدون بيعهم بدلًا من ذلك.

واستولى السخط الكبير على المحمديين في زنجبار ذات مرة عندما علموا ببيع رجل إنجليزي راحل خليلته السوداء - لا في السوق المفتوحة بالطبع (حيث توجد كنيسة إنجليزية الآن)، بل بكل هدوء لمسؤول عربي. أو حادثة أخرى تهدد إحساسنا بالآداب بالمثل: عاقب أحد جيران قنصل فرنسي عبده المتمرِّد بالشدة التي استحقها، ولكن مع جبن الزنجي المعتاد وعدم قدرته على تحمل الآلام في صمت، قام بإطلاق عواء مخيف، مما أدى إلى تدخل القنصل الفرنسي المتغطرس إلى حدٍّ ما. ولم يكن هذا الرجل نفسه قديسًا طاهرًا، حيث يبدو أنه يتمسك بالمبدأ القائل «دع الآخرين يمارسون ما تدعو له». لأنه كان يعيش مع زنجية كان قد اشتراها، وأنجبت له ابنة صغيرة شديدة السواد - استقبلتها البعثة الفرنسية أخيرًا.

ولا عجب إن لم يثق العرب في الأوروبيين في ظل مثل هذه التجارب، وإن كانوا يتوقون إلى عودة الأيام التي كانوا فيها في مأمن من الأفكار الدخيلة والمخربة. فهم يعتقدون أن الهدف من إلغاء الرق ينطوي على تدميرهم

وبالتالي زعزعة العقيدة الإسلامية. ويشتبهون بالإنجليز بشكل خاص بأنهم متآمرون مكّارون.

وإن كانت هناك إمكانية حقيقية لإلغاء العبودية، فسيتعين على المرء أن يتقدم بأقصى قدر من البطء والعناية. فيجب تدريب الزنوج على التفكير والعمل، ويجب إقناع أسيادهم بأن توظيف الآلات الزراعية المحسنة سيمكنهم من الاستغناء عن مئات العمال اللازمين لزراعة حقولهم حاليًا. ويجب أن يدرك المالك أن لا أحد ينوي تدميره، وأن مبدأ العدالة له وكذلك للعبد. وسيكون هذا بالتأكيد أكثر إنسانية، وأكثر مسيحية، من بناء كنيسة في سوق العبيد، وهو أمر غير ضروري، بالمناسبة، لأن للكنيستين القائمتين بالفعل، إحداهما كاثوليكية والأخرى بروتستانتية، طوائف صغيرة. ويمكن أن يسيء أي أسلوب من هذا القبيل إلى العرب فحسب، فهم محافظون للغاية مثلهم مثل معظم الشرقيين الآخرين، وهم متمسكون بشدة وإصرار بالتقاليد القديمة. لذلك لا ينبغي أن تُفرض عليهم أفكار جديدة بعنف، فهم سيجدونها غير مفهومة وفاضحة.

ويجلب الخلاف مع وجهات النظر الأوروبية اتهامًا فوريًا بالتعصب الإسلامي، وهو أمر مبالغ فيه إلى حدٍّ كبير، كما ثبت عندما عدت إلى زنجبار بعد غياب دام تسعة عشر عامًا. وقد اعتنقت في هذه الأثناء الدين المسيحي، لذا، لكوني مرتدة، استحققت بغض أبناء بلدي بقدرٍ يتجاوز بغضهم لي لو كنت قد ولدت مسيحية، إلا أنهم رحبوا بي جميعًا بودية صريحة، واستودعوني في حماية الله. فليس التعصب، بل غريزة الحفاظ على الذات هي التي تحركهم عندما تتعرض مؤسساتهم العزيزة للهجوم من قبل ممثلين جاهلين أو غير جديرين بالمسيحية.

وعادةً ما لا يبالِي الزنوج بأي عقيدة، وتعتمد ديانتهم في كثير من الأحيان على الإغراءات المادية التي يمكن أن يقدمها المبعوثون الدينيون. واشتكى لي ذات مرة رجل دين إنجليزي في زنجبار من أن عدد قطيعه يختلف باختلاف حالة المؤن التي يتم إرسالها إليه من أرض الوطن. وقبل أن يتمكن الزنجي من الصعود إلى مستوى روحي أعلى، يجب أن تستيقظ فيه الغريزة الدينية. هنا مرة أخرى، يجب أن نمضي ببطء!

وفي حال اعتقدتم بأنني متحيزة بشأن درجة العمل غير المأجور من قبل السود، أحيل قرائي إلى إفادة أوروبية حديثة حول هذا الموضوع. أولًا، هناك اتصالات رايشارد بالجمعية الألمانية الأفريقية، وثانيًا كتاب السيد جوزيف طومسون «إلى بحيرات أفريقيا الوسطى والعودة» - نُشر كلاهما في عام 1881. ودعوني أختم باقتباس ما قاله لي رجل إنجليزي بعد مغادرتي لزنجبار. لقد وصف ببساطة الحركة المناهضة للعبودية بأكملها، بكل اجتماعاتها العلنية، بأنها «كلام فارغ».

تاريخ مؤامرة في الأسرة الحاكمة

فقد المؤلفة لوالدتها - خلافات عائلية - مكانة الأميرة سلامة المبهمة - الانصباب في حلف برغش - الذي يطمح إلى العرش ويدبر مؤامرة لإزاحة ماجد من العرش - محاصرة منزل برغش - اختطافه في ثوب نسائي - هزيمة مناصريه - عودته - رفض مبادرات ماجد السلمية - إطلاق النار على منزل المتظاهر من قبل القوى البحرية البريطانية - استسلام وتغريب برغش.

قطنت منذ وفاة والدي في بيت الثاني مع والدتي وخولة، سعيدةً في عش حبهما وصداقتهما. وبعد ثلاثة أعوام من السعادة العارمة، اجتاح وباء الكوليرا جزيرة زنجبار بأكملها، مما أدى إلى إصابة العديد من أفراد أسرتنا كل يوم. وانتشر هذا الوباء خلال الموسم الأشد حرارة. وأمرت خادمتي ذات ليلة بأن تنشر بساطًا ناعمًا على الأرض، لعجزي عن النوم في سريري بسبب درجة الحرارة الشديدة، على أمل أن أجد الفتور والراحة.

فتصوَّروا دهشتي عندما وجدت أمي الحبيبة عند استيقاظي من النوم تتلوى من حدة الألم عند أقدامي. ردًا على استفساري المليء بالقلق عن حالتها، اشتكت أنها أمضت نصف الليل يغمرها شعور بأن الكوليرا ستأخذها من على وجه الحياة، فأرادت أن تكون بالقرب مني في لحظاتها الأخيرة. وشغلتني معاناة أمي العزيزة من الداء الرهيب بشكل أكبر لعدم قدرتي على التخفيف من حدتها. وقاومت الموت لمدة يومين، ومن ثم تركتني إلى الأبد. لم يعرف ابتئاسي حدودًا. لم أنصت لأي تحذيرات، وتشبثت بكل قوتي بجسد والدتي، على الرغم من خطر العدوى، لأنني لم أرغب في شيء بأكثر حرقة من أن يدعوني الإله بجانب الراحلة الغالية. إلا أن المرض تخطاني، فأحنيت قلبي في استسلام للرحمن الحكيم.

ووجدت نفسي وحيدةً في الخامسة عشرة من عمري، بلا أبٍ ولا أم، أسير مثل سفينةٍ دون دفة في عرض البحر. فكانت أمي ترشدني دائمًا بحكمة ومنطق، ووقفت فجأةً في وجه واجبات ومسؤوليات شخص بالغ، واضطررت إلى الاهتمام لا بنفسي وحدي، بل بمن أعولهم أيضًا. لحسن الحظ، شاء الرب عدم تكليف نفس إلا وسعها، فتمكنت من أداء دوري بهدوء، وترتيب شؤوني دون طلب أي مساعدة خارجية.

وانتظرتني على الرغم من ذلك مصاعب جديدة في الأفق: وجدت نفسي وعلى نحو لا إرادي تقريبًا متورطةً في مؤامرة ضد أخي النبيل ماجد!

بدا كما لو أن الخلاف ساد بيننا إلى الأبد المؤبد بعد وفاة والدي. فكان من الصعب الحفاظ على الانسجام التام بين ستة وثلاثين أخًا وأختًا تحت أي ظرف من الظروف، حيث انقسمنا بعد وفاة السيد سعيد إلى مجموعات متجانسة من ثلاثة أو أربعة. وكان هذا الموقف غير مفهوم بالنسبة للغرباء. فلم يتمكن حتى أقرب معارفنا دائمًا من تحديد نظام الفصل المعقد الذي كان سائدًا. حيث بات الصديق المخلص لأخي، المقرب من أختي، ألد أعدائي، إلا إن انتمى إلى دائرتي الخاصة. وعلى الرغم من أن حالة الصراع هذه لا يمكن أن يكون لها سوى عواقب وخيمة، فقد أعمتنا العاطفة، وسعينا بغية دمار بعضنا بعضًا بشكل غير معقول بكراهية حادة.

وسرعان ما انقطع الاتصال الشخصي تمامًا. وقد عمل الجواسيس العديدون الذين وضعناهم على توسيع الحيز الفاصل من خلال الإبلاغ عن كل حركة أو كلمة يتفوه بها العدو. ويأتي هؤلاء المخبرون في عتمة الليل لاستلام مكافأتهم، والتي تتباين حسب قيمة أو مدى شراسة أخبارهم. ويطرق

شخص مقنع أحيانًا بوابة البوّاب طالبًا الدخول بعد منتصف الليل، فنستيقظ من النوم مندفعين لمقابلة المخبر، الذي كان سيغادر معوضًا بسخاء.

حينئذٍ، كان يربط بين ماجد وخولة أفضل المشاعر، مما أسعدني كثيرًا، حيث أحبهما من أعماق قلبي؛ فقد عاملاني كما لو كنت طفلتهما بعد وفاة أمي. إلا أن البرود ساد علاقتهما الجيدة بسبب أخي برغش، وتبع ذلك تزعزع كامل في نهاية المطاف. وعلى الرغم من ارتباطي الحميم بخولة، فأنا أعترف ببأسٍ شديد أنها هي، لا ماجد، من كانت على خطأ - إلا أنني لا أستطيع تفصيلَ الأفعال التي أدت إلى الانقطاع في هذه الصفحة.

وشكلت هذه المرحلة بالنسبة لي فترة من صراعات داخلية. فقد كنت أعيش مع خولة، وأتناول وجباتي معها، ولم أفترق عنها خلال اليوم. وحينما بدأت في تفادي ماجد وإظهار العداء تجاهه بكل الطرق - من دون سببٍ يُذكر - تمنيت أن أبقى محايدة. في الواقع، تجرأت في الدفاع عن أخي البريء، الذي يتمثل خطأه الوحيد في كونه جالسًا على عرش السلطان، بدلًا من برغش. ومر الشهر بعد الشهر ووجدت نفسي تائهةً ما بين نارين، إن جاز التعبير، مترددةً في أي جانب أقف، وعندما جاءت اللحظة التي وجب فيها اتخاذ قرار، انضممت إلى صف أختي خولة، التي، على الرغم من خطئها، بدا أنني أعزها أكثر، وتنامت هيمنتها عليَّ لتغدو مطلقة دون قيود.

ونال ماجد، الرجل النبيل، محبة شعبه بأكمله؛ إلا أنه كان عليلًا، وعاجزًا عن رعاية جميع شؤون الدولة، وبالتالي ترك العديد من المعاملات في يد وزرائه. وكان يمتلك أحدهم، سليمان بن علي، موهبة جعل نفسه لا غنى عنه للأسف الشديد. فحاول المحتال الماكر تدريجيًا فرض مشيئته على الأراضي؛ وأصبح الوزراء الآخرون مجرد نكرات. دفعته غطرسته إلى لعب دور السيد في كل فرصة. وبالإضافة إلى ذلك، لم يكن قد بلغ السن التي يحترمها العرب، لكنه كان ساذجًا، وغندورًا مستهترًا في البيعة. ورفع دعوى قضائية من أجل الحصول على يد إحدى زوجات أبي في ثورة غروره ومكره، وهي بعمرٍ يخول لها أن تكون والدته؛ فكان ينوي الحصول على ثروتها الكبيرة في قبضة يده، وكانت حماقة بما فيه الكفاية لتقبل به - نادمةً على ذلك بمرارة بعد الزواج.

واكتسبت هذه النفس الشريرة نفوذًا قياديًا على ماجد، وكانت تؤجج خلسةً في الآن نفسه نيران الفتنة بين إخوة السلطان وأخواته، بحزم أشد لترسيخ سلطته، سلطة سليمان. وحدث الشجار بعد الشجار في عائلتنا، وتعرض الأعيان للإهمال أو الاستهانة بهم، ووصلت الأمور إلى حد سماع همهمة علنية عالية في النهاية. وكان بقاء وزير مخلص كفء واحد على الأقل نعمة كبيرة، تصدى إلى حدٍّ ما لخبث سليمان وأخطائه الجسيمة. ولكن لم يستطع ماجد الاعتماد على مستشاريه الآخرين على وجه اليقين، مما سهل مسار برغش في إثارة العداء تجاهه ما بين أقاربنا وأهلنا. وبما أنه كان لماجد ابنة واحدة دون أبناء، يترتب برغش بعده ليتولى العرش. وتُحسب حياة الأخوين الأكبر، محمد وثويني، هباءً؛ حيث كانا يعيشان في عُمان، وكانت عُمان بعيدة المنال. ودائمًا ما يكون الوريث الشرقي في عجلة من أمره ليتولى منصب الحكم، دون التفكير بدقة في الحقوق المسبقة لأي شخص آخر، وكثيرًا ما يهمل في سعيه لتحقيق طموحه الضمير ومبادئ الإنصاف.

إذن، تمسك برغش بالأمل على الرغم من إحباطه من الاستيلاء على مقاليد الحكم بعد وفاة والده السيد سعيد، وبدأت خططه تأخذ منعطفًا إيجابيًا بعد أن جاء إلى المدينة مع شقيقته ميجي من بيت الموتني. كان منزلهما يقع مقابل المنزل الذي نقطن فيه أنا وخولة. وبمجرد أن استقر الاثنان، نشأت صداقة دافئة بين خولة وبرغش، الذي كان يقضي أحيانًا طوال اليوم معنا. وشعرت ميجي في ظل هذه الظروف بالاستياء، والذي عبرت عنه في حضور الآخرين، مما أدى إلى إبعاد المرأتين بعضهما عن بعض بشدة. فباتتا تتجاهلان بعضهما بعضًا إن التقتا، واختفى السلام تمامًا بين العائلتين.
وعلى الرغم من ارتياحي لعدم تحيزي فيما يتعلق بهذا الخلاف الجديد، فإن الأختين الغاضبتين ورطتاني عبر الحديث الشفاف معي. وقرّبت علاقتي الحميمة مع اثنتين من بنات إخوتي، شمبوا وفارشو، بينهما وبرغش، فدخلن الحلف. كما كن يقطنّ مقابل منزلي ومنزل خولة، حيث يُفصل منزل برغش عن منزلهن عبر ممر ضيق.

وتمثل مسعى برغش الرئيسي في كسب أكبر عدد ممكن من الأعيان والرؤساء. وينقسم العرب إلى قبائل لا حصر لها، ذات أهمية أكبر أو أقل، ويطيع كل منها رئيسه طاعةً عمياء. لذلك، بطبيعة الحال، يسعى كل أمير

إلى كسب إذعان واحد أو أكثر من هؤلاء الرؤساء - حيث يعلنه علنًا، أو، حسب التفضيل الشخصي، في الخفاء - كي يضمن بعض الدعم في وقت الحاجة. وتلعب وعود الترقية بالطبع دورًا كبيرًا في هذه المفاوضات. فلن تتخلى أي قبيلة عن رئيسها أبدًا، فالولاء والتفاني قوي بين العرب. ويضع الشخص القادر على الكتابة اسم قبيلته تحت اسمه؛ يتضمن توقيعي الكامل اسم ليبو سعيدي، القبيلة الصغيرة ولكن الشجاعة التي ننتمي إليها. فبتكوينه علاقات وثيقة مع العديد من رؤساء القبائل، شكَّل برغش نوعًا من الدولية الصغيرة، مما أدى إلى إشعال فتيل الفضيحة. إضافة إلى ذلك، كان للأشخاص الذين يتجمعون في منزله في أغلب الأحيان سمعة سيئة؛ حيث كانوا فريقًا مضطربًا مخلًا بالنظام. وابتعد جميع الأناس المحترمين بالطبع عن صيد مكائده وتآمره. ولا يزال هناك الكثير من الباحثين عن المصلحة الذاتية، من المحبطين أو الانتقاميين، المستعدين لإعانته، حيث تخيَّل العشرات منهم ترقيتهم إلى مناصب عليا، أو منحهم مكانًا جيدًا آخر، أو تعيينهم كمستفيدين مرتاحين - وعزم كل فرد منهم على خدمة مصلحته الخاصة، لا مصلحة رعيته.

وبازدياد عدد هؤلاء التابعين، تجسدت تفاصيل النهوض المتوقع لتتخذ شكلًا محددًا. باختصار، وجب القبض على ماجد، وتعيين برغش سلطانًا. ولا بد من الاستعداد لأي صراع مسلح مهما كانت المخاطر. وعُقد اجتماع بعد اجتماع في ظل رئاسة برغش في سواد الليالي، قبل أن يظهر القمر أو بعد غيابه. وساد الحماس المحموم وانعدام الثقة الشاملة. وكنا نعتقد على الدوام بأننا مراقبون ونتعرض للتجسس علينا؛ غالبًا ما كنا نقوم بعمل الخدم، لنبعدهم جاهلين خططنا. وتوقفنا نحن النساء عن القيام بالزيارات، ونادرًا ما كنا نتلقى أي زيارات. وزادت سخونة برغش ومجاهرته العلنية. فبدأ في إهمال جمهور السلطان اليومي، وامتنع عن الحضور تمامًا في النهاية. ونُظر إلى هذا - بما يتفق مع تقاليد زنجبار - على أنه دليل يشير إلى روح متمردة، ويستحق أي متفاخر مهين العقاب. ولا يستطيع أي أحد الآن إلا أن يشك في عداء برغش. في الواقع، بدأ بنفسه في التصرف بمثل هذا التهور، إلى درجة إثارة يقظة الملكيين ووُضع نجاحه في حيازة ماجد في موضع شك شديد.

وقد قام السلطان ببذل محاولة أخيرة لمنعي عن التشبث بمفاهيمي الخاطئة قبل فوات الأوان. نظرًا لأنه، في ظل الظروف الحالية، لم يتمكن من زيارتي شخصيًا، وكنت قد تجنبت دخول قصره لفترة طويلة، فقد أرسل إحدى زوجات أبي الأكثر تفضيلًا لمناشدتي. فتوسل إليَّ أن أتوقف عن التآمر مع أعدائه، الذين كانوا يخدعونني، والذين يجب ألا أتوقع منهم أي مكافأة؛ ومن ناحية أخرى، قد أندم على العواقب الوخيمة التي ستتبع إصراري على العناد، لأنه إن حدث أي إطلاق نار، فلن يمكن تجنب منزلي. ولكن قبل وصول تحذير أخي الراقي، كنت قد تعاهدت بالفعل مع خولة والمتظاهر، وشعرت أنني ملزمة رسميًا بالوعد. وذهبت زوجة أبي والدموع تنهمر على وجنتيها.

وعلى الرغم من كوني أصغر أعضاء المؤامرة، فقد عُيِّنت في منصب أمين عام، بسبب قدرتي على الكتابة، إن جاز التعبير، وقمت بجميع المراسلات مع الرؤساء. ومع ذلك فقد كنت كبيرةً بما يكفي لأشعر بتأنيب الضمير. لقد جفلت من الاضطرار إلى أمر البنادق والبارود وإطلاق النار لتدمير حياة الأبرياء. ومع ذلك، ماذا لي أن أفعل؟ هل أكسر وعدي وأترك أختي الحبيبة في ساعة الخطر؟ أبدًا! حركني إخلاصي لخولة بما يتجاوز أي ميل تجاه أخيها. هو، ابن حبشي، رجل موهوب للغاية، يترأسنا جميعًا في الذكاء والدهاء. فخور، متعجرف، متسلط، تمتع بشخصية قسرية. وثبت مدى ضآلة شعبيته بين الناس من خلال حقيقة أنه من بين أفراد أسرتنا بأكملها، لم تتمسك به بالفعل إلا أربع نساء وشقيقنا البالغ من العمر اثني عشر عامًا عبد العزيز، القاصر تحت وصاية خولة.

وعلى الرغم من اليقظة التي راقبت تحركاتنا عبر عدستها، فقد واصلنا بعزم، واجتمعنا أحيانًا في ظل ظروف محفوفة بالمخاطر الشديدة. وحددنا يومًا لإجراء ثورة مفتوحة. وأحاطت القوات فجأة بمنزل برغش. وتوقعنا نفس هذا المصير بالطبع، مما سيعني دفن كل أمل. في الواقع، كما اتضح بعد ذلك، دعا الوزراء وبعض المسؤولين الآخرين إلى فرض حصار على المساكن الثلاثة، مما رفضه ماجد رحمةً للنساء.

كان لا بد من تغيير خططنا بالكامل. تقرر أن يتجمع كل أنصار برغش في مُلك مرسيليا، بالقرب من العاصمة، حيث يجب أن يحصنوا أنفسهم.

ولم تكن هذه فكرة سيئة، حيث يمكن بسهولة تحويل مرسيليا إلى قلعة حصينة قادرة على إيواء عدة مئات من الرجال. ومن ثم نُقلت الأسلحة والذخائر والمؤن؛ وعُيِّن الجنود الذين جُمعوا في أماكن قريبة. وسينتشر من مركز الإثارة الجديد السبب في جميع أنحاء الجزيرة. ونجحنا بحزم عبر إجهاد كل عصب. ودون خزينة منتظمة للنفقات، ساهم كل منا بحسب قدرتنا من مواردنا الخاصة، غير متجاهلين أهمية تزويد كمية من العبيد المسلحين جيدًا.

وتنبأنا بانتهاء عملنا المتمثل في تأسيس مرسيليا كمحور جديد للمؤامرة بضربة كبيرة. وتوصلنا في نهاية المطاف إلى اختطاف برغش من محل إقامته، حتى يتمكن من الهروب إلى مرسيليا وتوجيه الشؤون من ذلك الموقع بنفسه. وبقدر إدراكنا الكامل للخطر الرهيب المصاحب للخطة، لم نتوانَ في قرارنا بتنفيذها.

وفي الأمسية التي لا تُنسى، غادرت أنا وخولة منزلنا مع حاشية كبيرة؛ وانضمت إلينا في الشارع بنات إخوتنا مع خدمهن، كما جرى الترتيب مسبقًا. وتوجهنا إلى باب برغش. وأوقف الجنود شاحنتنا عند هذه النقطة، ولم يكن لديهم أدنى فكرة عمن كان يتبعنا. وبموجب إيقافي عن الحركة، اشتكيت بصوت عالٍ من الإهانة التي لا مبرر لها، وأمرت باستدعاء القبطان بإصرار. ومثَّل هذا انتهاكًا فاضحًا للعادات والآداب، إلا أن القضية تبرر أي شيء، وكان الضابط مذهولًا عندما خرجت أنا وخولة من الموكب لمواجهته. فبدأنا نتجادل معه بعنف لأنه سمح لقائده بالتدخل في شأننا؛ عجز عن التعبير في البداية، ثم تمتم بالأعذار، وأفسح المجال أخيرًا أمام إصرارنا على زيارة الأسرى. حتى إنه وافق على طلبنا بمنحنا فترة زمنية معينة.

ووجدنا في الداخل كلًّا من ميجي وبرغش متحمسين إلى حافة الوله. فقد اختلسا النظر من النافذة وشاهدا الخلاف الذي توقف على نتيجته النجاح أو الخراب. ولكن، نشأت صعوبة جديدة عندما اعترض برغش، في كبريائه الرجولية، على ارتداء الملابس النسائية، مما كان محرجًا للغاية إذ لم يكن هناك الكثير من الوقت المتاح. وسمح لنا أخيرًا بأن نلبسه حتى لا تظهر سوى عينيه، وارتدينا نحن وعبد العزيز الصغير زيًا مماثلًا. ودعونا قبل أن نتقدم للإله القاهر. مع وضع برغش بين أطول النساء، غادرنا المنزل على

مهل، ودردشنا بلا مبالاة، على الرغم من ارتجافنا من شدة القلق، لئلا يشك الجنود في أي شيء. لكنهم أفسحوا الطريق للموكب باحترام بسبب رتبتنا، ومررنا دون أي مضايقات. وبمجرد مغادرة المدينة، تخلص برغش والصبي من ملابسهما التنكرية، وودَّعانا وداعًا متعجلًا، واختفيا باتجاه مرسيليا.

وعاد بقيتنا إلى منازلهن في مجموعات صغيرة وباتباع طرق ملتوية. ويمكن تصور أن النوم كان غير وارد في تلك الليلة. فاستسلمنا للآهات وذرف الدموع، وأغمي عليَّ من شدة الضعف، حيث غمرنا الإجهاد المخيف للمغامرة، وتوقعنا للغد بنذر مرعبة، وإدراكنا لنجاتنا من الموت بأعجوبة. وعذبنا طوال الليل صوت صهيل الخيول ونيران البنادق.

وفي موعد أقصاه الساعة السابعة، جاءت الأخبار الكارثية بعلم أعدائنا بما حدث. ولم يكن بوسع الحكومة أن تفعل شيئًا سوى مواجهة التمرد العلني بالقوة، وبالتالي أرسلت عدة آلاف من القوات، بسلاح المدفعية، باتجاه مرسيليا. وهُدم ذلك القصر الفاتن بالكامل، وفرَّ المتآمرون المغلوبون عددًا في حالة من الفوضى بعد اشتباك قصير وحاد أودى بحياة المئات من الأبرياء.

سيتساءل القارئ حول عقوبتنا نحن النساء لمشاركتنا الجريئة في الثورة. لم نواجه أي عقاب! لو لم يكن القرار بيد ماجد ذي القلب الكبير، فمن المؤكد أننا لم نكن لنصل إلى نتائج جيدة، حيث استحقت مكائدنا عقوبة قاسية.

وانطوى النبأ التالي على أن برغش، بعد هزيمة رجاله، عاد إلى المدينة، ودخل منزله خلسة. واعتقد الجميع بالطبع أن نيته كانت الاستسلام الطوعي لأخيه. وحاول ماجد في حقيقة الأمر أن يسهل عليه فعل الخضوع المنتظر. وبدلًا من الجنود، أرسل أحد أبناء إخوته سعود بن هلال، برسالة مفادها أنه سيسامح وسينسى، بعد وعد برغش بأن يتخلى عن مثل هذه الأعمال في المستقبل. ذهب سعود، وهو شخص لطيف وخيِّر، بمفرده في سفارته ليبين سلمية السلطان. وبدأ برغش برفض قبوله، مطالبًا المبعوث - الذي يكبره بسنوات عديدة - بإيصال الرسالة من الشارع. ورفض سعود بشكل طبيعي، وبعد انتظار طويل، فُتح الباب باتساع كافٍ للسماح له بالدخول. ثم وجد نفسه مضطرًا إلى الصعود، حرفيًا، لتسلق السلم المحصن.

وفي الجزء العلوي، كان عليه أن يزحف عبر باب مسحور، بعد إزالة صندوق ثقيل منه. ولم يكتفِ بإجبار سفير ماجد على الدخول بهذه الطريقة المهينة، بل أحبط مهمته برفضه القاطع لمقترحات السلطان المتسامحة.

لم يترك مثل هذا العناد لماجد الآن بديلًا سوى اللجوء مرةً أخرى للإجراءات العنيفة، بقدر رغبته بالابتعاد عنها. أقنعه القنصل الإنجليزي، الذي تحدث معه، بضرورة وضع حدٍّ نهائي لهذه الاضطرابات التي طال أمدها، وعرض مساعدته لتحقيق هذه الغاية. وكان من المفترض أن يتجه زورق حربي بريطاني، تصادف وجوده في المرفأ، إلى مقابل قصر برغش، وأن يرسو عند مجموعة من القوى البحرية، وإن فشلت هذه المظاهرة، يبدأ القصف. وفي الواقع، بدأت القوى البحرية بتوجيه بضع طلقات من نيران البنادق إلى منزل برغش، الذي هرب هو بنفسه إلى الجزء الخلفي منه، مع ميجي وعبد العزيز، من أجل النجاة من الطلقات التي تدوي في آذانهم.

وأجهشت خولة في دموعٍ منهمرة بمجرد سماع الطلقة الأولى، شاتمةً ماجد والحكومة والرجل الإنجليزي واحدًا تلو آخر، متهمةً جميعهم بدورهم في إساءة معاملتنا بشكل شنيع. وعندما اشتد إطلاق النار بقوة، وملأ الذعر العائلة بأكملها، حيث كان مسكننا خلف منزل برغش، لذلك تعرضنا للنار بنفس القدر. حيث انهار كل من كبار السن والشباب، النبلاء منهم والعامة. وودع بعضهم وداعًا أبديًا، بينما طلب بعضهم العفو من بعض عن جرائم سابقة؛ وبدأ أهدأ من فيهم بحزم أمتعتهم بهدف الهروب؛ بينما وقف آخرون ينتحبون ويندبون، غير قادرين على التفكير أو اتخاذ الإجراءات؛ آخرون، مرة أخرى، استعدوا للصلاة، أينما كانوا، في الممرات، على الدرج، في الفناء، على السطح، الذي كان محميًا بسور. وتبع المصلين أتباعٌ، وعمَّ على الفوضى التأكيد المهدئ بسيادة الإرادة الربانية على إرادة الإنسان، وأن أقدار البشر محددة منذ بداية العالم من قبل الرحيم الحكيم. وهكذا سجدنا جميعنا بإخلاص على ركبنا، بجبهاتنا على الأرض، ننذر بأعمق حسٍّ من التواضع والاستسلام لوجه الإله.

وبارتفاع معدل الخطر، نجحت خولة أخيرًا في إقناع أخينا العنيد ليوافق على الاستسلام. وعلى عكس كل قواعد اللياقة، هرولت إلى القنصل الإنجليزي شخصيًا حاملةً هذه الأخبار ومطالبةً بإيقاف الأعمال العدائية.

ولم يكن يتمتع البريطانيون بقوتهم الحالية في شرق أفريقيا آنذاك. حيث كان صوتهم في شؤون زنجبار الداخلية ضعيفًا مثل، دعنا نقول، صوت الأتراك في ألمانيا. ولم تتغير الظروف ماديًا إلا منذ عام 1875 فقط، - بفضل سياسة العبيد في إنجلترا - لصالحها، وفي اتجاه الخراب التام لشعبنا.

فلم تعثر خولة على القنصل، ولكن بينما كان سكان منزل برغش يهتفون حينها: «السلام، السلام!» في وجه القوى البحرية، توقف إطلاق النار وأمكن تفادي كارثة أكبر. فلو قصف الزورق الحربي بالفعل قصر المتظاهر، فلن يجلس الآن على عرش زنجبار إلا سلطان مختلف، ولما كنت استطعت القدوم إلى أوروبا أبدًا.

ولمنع تكرار حدوث مثل هذه المؤامرات، تقرر نفي برغش إلى بومباي، حيث نُقل إلى هناك في سفينة حربية بريطانية، برفقة عبد العزيز (طواعية). وكان ذلك بناءً على نصيحة القنصل الإنجليزي. وربما أراد البريطانيون إبقاء وريث ماجد المفترض بقبضة أيديهم، بهدف تدريبه بشكل جيد ليناسب مخططاتهم الخاصة. وعاش لمدة عامين في بومباي، ونجح عندما عاد بهدوء إلى زنجبار في نهاية المطاف، بعد وفاة ماجد في عام 1870، في الوصول إلى العرش الذي طال انتظاره.

فترة من الإقامة الريفية

كلفتنا مغامرتنا غاليًا، التي بدأت بآمال عظيمة، ولم تثمر شيئًا. وعلى الرغم من أن بنات إخوتي كُن غنيات بما يكفي لعدم تكبد خسائر جسيمة، فقد فارق العديد من أفضل عبيدنا الحياة، وأزيل آخرون، وشُوِّه بعضهم الآخر، يعيدون إلى ذاكرتنا باستمرار الكارثة التي أحدثناها. إلا أن هذه كانت أقل عقوبة يمكن أن نتوقع حصدها من الشر الذي زرعناه. وكان الأمر الأسوأ بكثير بالنسبة لنا - خولة وميجي وابنتا إخوتي وأنا - حيث جرى تجنبنا وتجاهلنا بشكل علني من قبل جميع علاقاتنا وأصدقائنا أصحاب العقول الصحيحة، ونشعر في الآن نفسه أن هذه المعاملة مبررة تمامًا. وبذل الآخرون، الذين كرهونا، أو ممن أملوا كسب ود السلطات عن طريق الوشاية، قصارى جهدهم لمواصلة التجسس علينا. ولم يشكل هذا أي أهمية بالنسبة لنا، حيث ضاعت قضيتنا فوق الإصلاح؛ لكن اقتنعنا حقيقة أننا ما زلنا موضع شك، وأننا مراقبون، أبعدنا أصدقاؤنا القلائل المتبقون، وحتى البانيان الماكرون تجنبونا لفترة طويلة، مختلسين في عتمة الليل للإشادة ببضاعتهم الهندية بوقاحتهم القديمة. منازلنا، التي كانت ذات يوم مليئة برفرفة تشبه رفرفة الحمام بالآتين والذاهبين، أصبحت الآن وحيدة بنحو قمعي وكئيب، لا تدخلها روح من العالم الخارجي. وأصبح هذا الوضع غير قابل للتحمل، فقررت أن آوي إلى أحد ممتلكاتي العقارية؛ وسرعان ما تبعني شركائي السابقون الأربعة، وغادروا المدينة للعيش في الريف.

نادرًا ما كنت أزور أيًا من مزارعي الواسعة الثلاث منذ وفاة والدتي، ثم لبضعة أيام فقط في كل مرة؛ وبعد كل تقلباتي الأخيرة، وكل صراعاتي المتضاربة، كنت على استعداد للتمتع بفترة من الإقامة الريفية بشكل مضاعف. واخترت كيسيمباني كمكان يتميز بتفضيل والدتي العزيزة

وذكريات زياراتها المتكررة هناك. كما أنني أدركت وجوب تحمل العيوب التي تعاني منها السيدات العربيات اللائي يعشن بمفردهن، نتيجة استقلالهن القسري عن المستشارين الذكور.

تمنعنا آداب بلدنا الاستبدادية من التحدث حتى مع موظفينا الخاصين إن كانوا رجالًا أحرارًا. فيجب نقل الطلبات والحسابات عبر العبيد، وبما أن القليل من النبيلات يعرفن الكتابة، فلا ترى إلا القليل من السيدات العازبات قائمات على الميزانية العمومية من مضيفيهن. وإن قمن بتوفير الإمدادات للعائلة، وقمن بدفع كمٍّ كثير من المال بعد الحصاد، فعادةً ما تكون السيدة راضية. وتنتج هذه الإيرادات من خلال التخلص من القرنفل وجوز الهند؛ بينما نفخر بالبطاطا واليام وغيرهما مما يخرج من الأرض بما يتعدى بيعها، وقد يفعل المضيف ما يشاء مع أي منها مما يزيد على استهلاكنا المنزلي.

وعندما كنت أقطن في المدينة، كان مضيفي حسن يأتي كل أسبوع أو أسبوعين لتسليم تقريره، عبر إحدى إمائي في المنزل، ولطلب التعليمات، التي أرسلها إليه عبر نفس القناة. ولمقابلة مثل هذه الحالات، تُحجز غرفة في الطابق الأرضي، حيث يستريح الرجال بعد ركوبهم الطويل على ظهر البغال، وينتعشون بالطعام والشراب قبل العودة إلى الديار. ومع ذلك، عندما نويت البقاء في كيسيمباني، أصبح وجود حسن غير مريح بالنسبة لي؛ فكان على المسكين أن يستمر في الاختباء والتحاشي خشية أن يرى بالمصادفة واحدة منا نحن النساء. لذلك قمت بنقله إلى مزرعة أخرى، وعينت حبشيًا - عبدًا وليس حرًا- بدلًا منه، وكان ذكيًا (يعرف القراءة

والكتابة) وحيويًا. ويُعد الحبشيون بشكل عام أناسًا أذكياء، ونشتريهم بدلًا من الزنوج عندما يتوفر لنا الخيار.

وهكذا تمكنت من التجول في عقاري كما شئت، دون خوف من إحراج مضيفي. وزودتني حيواناتي الأليفة بالكثير من المتعة؛ حيث قضيت عدة ساعات بينها يوميًا. كما استمتعت بالعناية بكبار السن والمرضى في أكواخهم الصغيرة المنخفضة، حيث كان عبيدي يحملون لهم الحلوى من مائدتي الوفيرة. وأمرت بإقبال أطفال العبيد - نوع من الربح الموزع الذي يعود على مالك الوالدين - عليَّ في كل صباح، لتحميمهم في البئر بالصابون العشبي، ومن ثم إطعامهم. ويتكون الصابون العشبي من أوراق الشجر الشرقية، التي تُنتج أوراقها المجففة والمسحوقة مادة رغوية بملامستها للماء، وبالتالي تشبه الصابون. وإلى حين عودة أسلافهم من الحقول، في الساعة الرابعة بعد الظهر، أبقيهم عندي في الفناء، حيث يلعبون الألعاب تحت أعين خادمة جديرة بالثقة. كان هذا أفضل للقنافذ الصغيرة من حملهم تحت أشعة الشمس طوال اليوم مقيدين على ظهور أمهاتهم.

وراقت لي الحياة الريفية الحرة غير المقيدة تمامًا؛ لقد سررت باستبدال اضطرابات المدينة بهذا المكان الريفي الرائع. ودعتني زوجات وبنات الأعيان المجاورين، مذعنات لقواعد السلوك، وسرعان ما استقبلت ضيوفًا في المنزل لأسابيع، بل ولشهور، معًا. كما كان يأتي الغرباء أحيانًا لأخذ قسطٍ من الراحة في غرفة الرجال بعد رحلةٍ شاقة، وهذه عادة قديمة من عاداتنا. ونظرًا لوقوع كيسيمباني عند تقاطع طريقين مزدحمين، فقد كان عدد المارة كبيرًا.

بقيت على اتصال منتظم مع المدينة. وفي أيام متناوبة، يدخل عبدان راكبان الخيل، عائدان لي، محملين بالأخبار مرتَين أو ثلاث مرات في الأسبوع، بالإضافة إلى ذلك، كنت أرسل عاملة أو خادمة تعود برسائل من أصدقائي وأقاربي. وبعد أن خمدت حدة الإثارة التي تلت تلك المؤامرة المؤسفة، استمرت المعارضة بين إخوتي وأخواتي - وهو سبب آخر لعدم استعجالي في تجديد الإقامة الريفية.

وكانت سعادتي تامة لولا شيء واحد. افتقدت البحر - الذي اعتدت النظر إليه في كل يوم من أيام حياتي. إذ تقع جميع مزارعي الثلاث في وسط الأرض، ولكن بما أنني لم أكن أعرف ما يعني عدم تحقيق أمنياتي، فقد قررت شراء واحدة بالقرب من الماء. لذلك، بعد مفاوضات واجبة، امتلكت ملكية بوبوبو. ورافقتني حيواناتي الأليفة إلى هناك، ولا شك في أنها فوجئت بالخروج من سلالها وأقفاصها للالتقاء مرة أخرى في فناء جديد؛ وبدا أنها استمتعت بالتغيير بقدر ما استمتعت أنا. فكنت أجلس أراقبها على مدار الساعة، أو أتوقف عن العمل على طول الشاطئ، مناظرةً السطح الأزرق مع السفن التي تبحر من الشمال باتجاه المدينة وقوارب الصيادين السريعة التي كانت تبحر في تتابع سريع.

وكنت أقرب إلى المدينة في بوبوبو، التي يسهل الوصول إليها عن طريق البر أو البحر. هنا، في الواقع، عشت اجتماعيًا أكثر مما كنت أعيش في كيسيمباني. فكان يأتي ثلاثة من إخوتي كثيرًا، إما على ظهور الخيل أو على متن القوارب، ونقضي الوقت معًا في سعادة، نتحدث ونأكل ونشرب ونلعب ببطاقات اللعب ونشعل الألعاب النارية. لا تمر أربع وعشرون ساعة، إلا ساعة واحدة أو اثنتين، أو أحيانًا دون مرور ما لا يقل عن عشر ساعات، دون أن تزورني سيدات، سواء لمرور قصير الأمد، أو لعدة أيام. ومع ذلك، كان من المقرر أن تكون إقامتي في بوبوبو قصيرة للغاية، على الرغم من أنني تعلقت بالمكان، إذ أرسل لي ماجد رسالة مفادها أن القنصل الإنجليزي الجديد قد أعرب عن رغبته في شراء بوبوبو للحصول على ملكية في الريف، وعلى الرغم من عدم رغبتي في التخلي عن هذه الملكية العزيزة، فلم يكن بوسعي أن أفوت الفرصة الأولى لإظهار التوبة عبر تقديم هذه التضحية - تجاه شخص كنت قد ظلمته بشدة.

وبعد حوالي أسبوع من مغادرتي بوبوبو واستقراري في المدينة مرة أخرى، جاءت خولة لرؤيتي ذات مساء. وكانت في حالة مفعمة بالحيوية، إذ لم أستطع ألا ألاحظ ذلك في نفس الثانية التي جاءت فيها. في الواقع، جاءت بهدف استفزازي لتسليمي ممتلكاتي للقنصل، وعندما علقت بهدوء أن هذا كان حقًا خاصًا بي فقط، وجهت اتهامًا عاطفيًا بأنني قمت ببيع ممتلكاتي لكسب محاباة ماجد، «اللعين» كما تسميه. ثم زادت قسوتها، وخرجت من باب المنزل في نهاية المطاف هاتفةً: «يمكنكِ الاختيار بيني وبين برغش، وبين عبد الرجل الإنجليزي ذاك! إلى اللقاء!».

ومنذ ذلك اليوم لم أرَ خولة مرةً أخرى، وعلى الرغم من مواصلة استقراري في المدينة، فلم تُظهر روحًا أقل عدائية إلا بعد مغادرتي زنجبار. وفي هذه الأثناء، كنت قد عقدت العزم على تجنب كل من ماجد وخدوج، حتى لا يتأكد الشك في أن اتهام خولة كان صحيحًا في النهاية. ولكن كانت مفاجأة أخرى في انتظاري.

بعد أسبوعين من تاريخ وصولي إلى المدينة، أتاني ماجد برفقة حاشية هائلة! قال إنه أراد أن يشكرني على إخراجه من معضلة القنصل الإنجليزي، حيث كان سيضعه رفضي له في موقف غير سار. وتمتمت ببعض العبارات غير المفهومة ردًّا على ذلك، واستمر ماجد في الحديث عن أشياء أخرى، دون أي إشارة إلى المؤامرة الحديثة، مما سمح لي باستنتاج أنه لا يشعر بأي استياء بسبب ذلك بسخاء. وافترقنا أفضل الأصدقاء بعد أن طلب مني زيارته وشادوجي وخالتي عائشة التي كانت تقطن معهم، إلا أن أدائي لهذا الفعل المؤدب البسيط كلفني غاليًا؛ فهو حتى يومنا هذا يُحسب كجريمة ضدي من قبل نفس الأشخاص الذين ساعدتهم في مؤامرة تنصيب برغش. وقد تبدو هذه الغيرة غير مفهومة، لكنها كانت سمة من سمات عائلتنا عندما كانت تحت ضغط الخلاف المتعصب.

فقد ظل الحزبان قائمين كما كانا من قبل، واستمرت الفتنة بلا هوادة، وإن كانت أقل علنية وأقل صخبًا. وصعُب تحمل الخلاف حيث لم يخفِ أحد آراءه، بل أتاح لهم تعبيرًا بلا حدود. فالشرقي صريح بطبيعته، وغير قادر تمامًا على الكتم على غرار الأسلوب الأوروبي المتقن. فعندما ينظر إلى شخص ما على أنه عدوه اللدود وخصمه، فإنه نادرًا ما يخفي سرًّا، ولا يهتم إن أهانه بشدة بالنظرات أو الكلمات أو الإيماءات. والحقيقة أن الشرقي لا يفقه التصرف بما يتعارض مع مشاعره ومعتقداته الحقيقية؛ يكاد يكون جاهلًا تمامًا بالأدب الرسمي الذي يتبناه الناس هنا دون تمييز في جميع الظروف. إن مجرد محاولة التزييف - وهو أمر صعب، على أي حال، لدمنا المتهور والحار - من شأنها أن تستدعي رسم صورة الجبانة. مرارًا وتكرارًا، في تلك الأيام، كنت أسمع أسئلة مثل: لماذا يجب أن أظهر نفسي بخلاف ما أنا عليه الآن؟ أليست كل أفكاري ومشاعري واضحة للرب؟ لماذا أرتجف أو أتظاهر في وجه رجلٍ ما؟

ومن ناحية أخرى، إن رغبت في رؤية الصداقة المخلصة والمتفانية بحق، فعلى المرء أن يسافر إلى الشرق. لا لأن مثل هذه العلاقة غير ممكنة إلا هناك، بل لأنه من المؤكد أنه إن أحب عربي شخصًا ما فهو يتمسك بمحبوبه بإخلاص يهز الجبال. وعلى الرغم من عدم ملاحظة الفروق الطبقية بشكل أكثر صرامة في أي مكان، فإنها لا تعول في صداقة حقيقية. وهكذا يعامل الأمير ابن عريسٍ يحبه كما يعامل حفيدًا نبيل النسب، وعلى نحوٍ مماثل؛ ستظهر الأميرة نفس الحنان تجاه زوجة مضيفها أو ابنته كما لو كنَّ سيدات رفيعات المستوى. أختي ميجي، على سبيل المثال، أخذت فتاة متواضعة لتعيش في قصرها، واستمر ارتباطها بهذه الفتاة الفقيرة والمتواضعة والذكية، حتى فرَّق الموت بينهما.

وقد تكون السيدة الأرستقراطية في بعض الأحيان صديقة حميمة لعبدة شخص آخر، ليس لكونها زنجية بالتأكيد، بل لو كانت شركسية أو حبشية. عندئذ تكون العبدة محظوظة للغاية، حيث ستشتريها صاحبتها بأي مبلغ أيًا كان لِتحررها. ويكون هذا التحرير تحت رعاية قانونية، مما يثبت حرمته. وإن أُلقي رجل ما في السجن، يحبس صديقه المقرب نفسه في نفس زنزانته لبضع ساعات كل يوم. سيرافق في المنفى أقرباءه. وتعني الحادثة المؤسفة أو الفقر المفاجئ حق التصرف في نقود الأصدقاء؛ ومن ثم ليست هناك حاجة على الإطلاق إلى أي نداء للمساهمات العامة. وتعودنا على هذا منذ الصغر

الهروب من زنجبار

خلال هذه الأيام المظلمة من الخلاف والفتنة في عائلتنا، أسعدني قدوم شاب ألماني يمثل مؤسسة تجارية في هامبورغ إلى زنجبار. وبعد نشر تقارير غير دقيقة حول التفاصيل المرتبطة بهذا الحدث، أعتقد أنه من الأفضل سرد القصة بإيجاز.

أثناء فترة حكم أخي ماجد، تمتع الأوروبيون باهتمام كبير. حيث كانوا ضيوفًا مرحبًا بهم في قصره وممتلكاته، وطالما كانوا يتلقون اهتمامًا ملحوظًا. وأقمت أنا وأختي خولة علاقات طيبة مع الأوروبيين في زنجبار، عبرنا عنها من خلال تبادل المجاملات التي تسمح بها عادات البلاد. واقتصرت زيارات السيدات الأوروبيات في زنجبار في الغالب علينا أنا وخولة. وتعرفت على زوجي المستقبلي بعد عودتي من بوبوبو. حيث كان المنزل الجديد الذي قطنت فيه بعد ذلك بجوار منزله، وكان ارتفاع سقفه المسطح أقل قليلًا من السقف الخاص بي؛ فغالبًا ما كنت أشاهد من النافذة العلوية حفلات الرجال البهيجة التي نظمها ليطلعني على الوجبات الأوروبية. وانتشرت شائعة صداقتنا، التي نمت في نهاية المطاف إلى حب متبادل عميق، حول أطراف المدينة، وسمع بها أخي ماجد. مع ذلك، كانت عداوته تجاهي وسجني بناءً على ذلك مجرد حكايات وهمية.

ورغبت بطبيعة الحال في مغادرة بلدي سرًا، حيث كان زواجنا غير وارد. وبينما فشلت المحاولة الأولى، وجدنا فرصةً ثانية. فمن خلال وساطة صديقتي السيدة س، زوجة الطبيب الإنجليزي والوكيل القنصلي، وجدت نفسي في إحدى الليالي على متن قارب برفقة السيد ب، قائد السفينة الحربية البريطانية هايفلاير. وسرعان ما وضعت قدميَّ على متنها وبدأت

محركاتها في التحرك. وسلكت سفينة الهايفلاير مسارًا يتجه شمالًا، ورست بي بسلام في وجهتي، ميناء عدن. واستقبلني هنا زوجان إسبانيان كنت أعرفهما في زنجبار، وانتظرت بصبرٍ ما أقصده. واستغرق الأمر بضعة أشهر حتى انتهى من شؤونه، فتبعني إلى عدن. في هذه الأثناء كنت أتعلم الديانة المسيحية. وتمت معموديتي - باسم إيميلي - في الكنيسة الإنجليزية في عدن، وعقدنا بعدها على الفور حفل الزواج وفقًا للطقوس الأنجليكية. ومن ثم أبحرت أنا وزوجي إلى هامبورغ، مسقط رأسه، حيث استقبلنا والداه والأقارب الآخرون بترحيب حار.

وسرعان ما اعتدت على المحيط الأجنبي، وتعلمت بحماس قصارى وسعي لأتأقلم مع حياتي هنا. وشاهد زوجي الذي لا يُنسى مختلف مراحل تطوري الجديد باهتمام شديد؛ لقد كان مسرورًا بشكل خاص بملاحظة الانطباعات الأولى التي تركتها عليَّ العادات والتقاليد الأوروبية. وسجَّلت هذه الانطباعات على الورق، وقد أتحدث عنها في المستقبل.

إلا أن حياتنا السعيدة والهادئة لم تستمر إلا لفترة قصيرة فقط. فانقضى ما يزيد قليلًا على ثلاث سنوات من تاريخ استقرارنا في هامبورغ عندما قُدِّر لزوجي الحبيب الغالي مواجهة حادث أثناء قفزه من عربة ترام. حيث دُهس وفارق الحياة بعد ثلاثة أيام من المعاناة الشديدة. ووقفت وحدي آنذاك في هذا البلد العجيب والغريب مع ثلاثة أطفال، يبلغ أصغرهم ثلاثة أشهر. وفكرت في العودة إلى وطني في البداية، إلا أن القدر شاء أن تتبع خسارتي المروعة وفاة أخي العزيز ماجد في غضون شهرين، الذي كان يعاملني دائمًا بلطف. فلم يشعر نحوي باستياء حتى من هروبي السري من

الجزيرة؛ وكان يؤمن كمسلم حقيقي بالتقدير الإلهي المسبق، وكان مقتنعًا بأن هذا ما حدد رحيلي. وقد قدم دليلًا مؤثرًا على عاطفته الأخوية قبل وقت قصير من وفاته، حيث حمَّل سفينةً بالهدايا، والتي كان من المقرر تقديمها لي في هامبورغ؛ ولم تصلني أي من الهدايا، لأنه، كما اكتشفت بعد ذلك ببضع سنوات، على الرغم من وصول السفينة إلى الميناء، فإن نيات ماجد كانت محبطة بلا أمانة. وأود أن أضيف أنه لم يتهجم على خاطبي بعد اختفائي المفاجئ، بل سمح له بإدارة عمله بحرية تامة.

وبقيت في هامبورغ لمدة عامين آخرين، أعاني باستمرار من مصائب جديدة. حيث فقدت جزءًا كبيرًا من ممتلكاتي بسبب خطأ الآخرين، واكتشفت وجوب أخذي زمام الأمور. واستحوذ عليَّ النفور التام تجاه المكان الذي عشت في زواياه قدرًا وفيرًا من السعادة، خاصةً لعدم معاملة بعض الناس في المدينة لي بالأدب الذي قد كنت استحققته.

بالانتقال إلى درسدن، لاقيت لطفًا وديًّا من جميع النواحي. ومن هناك ذهبت في رحلة إلى لندن، والتي سيسرد الفصل التالي تفاصيلها. فعندما تولَّدت في داخلي الرغبة في العيش في مدينة هادئة في وقتٍ لاحق، اخترت تلك العاصمة الصغيرة المبهجة رودولشتات. هناك أيضًا، قابلت قدرًا كبيرًا من الصداقة والمودة الحقيقية خلال سنوات إقامتي، والتي بذل أصحاب السمو الملكي قصارى جهدهم لملئها بالراحة. وعندما تحسنت صحتي في رودولشتات، قررت أن برلين مكان جيد لتعليم أطفالي. ووجدت مرة أخرى العديد من الأصدقاء الذين حاولوا جعل إقامتي ممتعة. وقد أولاني الملكيون بحد ذاتهم اهتمامًا كريمًا سأتذكره طوال حياتي بامتنانٍ صادق.

مقتطف من الدبلوماسية الإنجليزية

كنت طوال هذا الوقت على اتصال دائم بالرسائل مع أرض الوطن، ولم أتخلَّ أبدًا عن أمل الزيارة. لكن عناد أخي برغش حتى تلك اللحظة قضى على أي احتمال في الترحيب بي من قبل عائلتي. وكان سبب موقفه العدائي المستمر هو نزعة الانتقام المطلقة: لم يستطع أن يغفر لي بعد أن استأنفت علاقات ودية مع خصمه القديم، ماجد. ومع ذلك، لم يقلل هذا من توقي إلى الوطن والأصدقاء، وواصلت سرًّا متطلعةً للصلاح.

انتشر في ربيع عام 1875 تقرير في الصحف هزَّ كياني: أخي برغش، سلطان زنجبار منذ وفاة ماجد، كان قادمًا إلى لندن. بقيت في بداية الأمر خاملةً، وأخفيت قلقي، ولكن تغلبت عليَّ نفسي – على الرغم من أنه لم يبقَ لي سوى القليل من الأوهام بعد كل خيبات الأمل التي كنت مررت بها. لذا قررت رحلتي إلى لندن، وقادني الرجل النبيل بولو، وزير الخارجية الألماني، إلى الاعتقاد بأنني قد أتوقع دعمًا دبلوماسيًّا من السفير الإمبراطوري، الرجل النبيل موينستر، والذي، للأسف، أثبت أنه قليل الكفاءة.

واستغللت الفترة القصيرة في جعبتي في تعلم اللغة الإنجليزية، وذلك للتخفيف من حالة يأسي. خلال هذين الشهرين، كنت غالبًا ما أدقق في كتبي حتى الفجر، وأحفظ الكلمات والعبارات عن ظهر قلب. ومن ثم أعود إلى قلقي المتزايد بشأن الأطفال الثلاثة، الذين لم أبتعد عنهم لمدة طويلة قط.

وأخيرًا شددت رحالي عبر طريق أوستند. ووصلت إلى أرض العاصمة العملاقة مرهقةً ومتوترةً، حيث استقبلني معارفي الوحيدون، الزوجان السيد والسيدة ب، وفعلا كل ما في وسعهما من أجلي. في غضون ذلك،

بعد وصولي إلى لندن قبل أسبوع من وصول برغش، اتصلت بالرجل النبيل موينستر، الذي أكد لي حسن نيته. وجعلني أصدقائي في ألمانيا أتعهد بأن أتحرك بحذر، وقبل كل شيء ضمان مساندة الحكومة الإنجليزية لي في قضيتي. وشعرت بالارتياح في بداية الأمر، حيث اكتشفت من خلال التجربة إمكانية الوثوق بعدد من الأشخاص، ووجوب الاعتماد على الرب وعلى جهودي الخاصة؛ لكنني أذعنت لكلام أصدقائي. وكان الخوف من ملئي بالشكليات الدبلوماسية المهذبة والعبارات ووضع شؤوني الخاصة جانبًا بعد ذلك تافهًا مقارنةً بالمسار الفعلي للأحداث. لأنني لم أتعلم بعد أنني كنت الآن في عالم يُعد فيه الكذب والغش فضائل.

أُعلن عن قدوم السيد بارتل فرير في أحد الأيام. كنت أعرف هذا الرجل، الذي أصبح فيما بعد حاكمًا لمستعمرة كيب، بالاسم فقط، لكن إذا كنت أؤمن يومًا ما بالحدس فكان هذا في ذلك اليوم، عندما حُكم بالفشل على كلٍّ من أعز آمالي ومستقبل أطفالي. لقد غلبني شعور لا يوصف بعدم الارتياح في اللحظة التي نظرت فيها إلى الرجل الدبلوماسي العظيم، الذي فرض مشيئته على زنجبار متى شاء، ووضع السلطان في جيبه، إذا جاز التعبير.

وبعد التبادل الحضاري المعتاد، بدأ السيد بارتل بالاستفسار عن شؤوني، وأراد أن يعرف بشكل خاص سبب مجيئي إلى لندن. وعلى الرغم من أنه بدا على علم تام بالفعل، فإنني أخبرته بغايتي المحددة. وفي الواقع، لم يكن هناك الكثير لأتفوه به، حيث تمنيت ببساطة التصالح مع عائلتي. فتخيل دهشتي عندما طرح السيد بارتل السؤال التالي بكل هدوء: أيهما كان أهم بالنسبة لي، هذا الصلح أم أمن آفاق أطفالي المستقبلية؟ حتى

الآن، نادرًا ما أشعر بالقدرة على تحليل المشاعر التي أثارها اقتراحه. كنت أتوقع أي شيء إلا صدمة من هذا النوع. دعني أتهم بالجبن أو التردد إن اضطربت في مثل هذه اللحظة. كانت رفاهية أطفالي أهم بالطبع من رغباتي الشخصية.

وعندما لملمت نفسي قليلًا بعد الإحراج الذي مررت به في أعقاب هذه المناورة الدبلوماسية المذهلة، طلبت أن يشرح لي السيد بارتل الدافع وراء كلماته. ثم صرَّح بإيجابية أن الحكومة البريطانية لا ترغب في التوسط بيني وبين أخي الذي اعتبرته ضيفها، وبالتالي، يجب ألا يسببوا له أي إزعاج. (إلا أنني أشك فيما قد يزعج السلطان بشكل أكبر: التوقيع على معاهدة الاستعباد تحت الإكراه الأخلاقي، وبالتالي الاعتراف بشكل غير مباشر بالتفوق الإنجليزي، أو مد يده إلى أخته التائبة). فإن تعهدت رسميًا بعدم الاقتراب من أخي، سواء شخصيًا أو برسالة، أثناء زيارته إلى لندن، ستضمن السلطات البريطانية رفاهية أولادي المادية.

وبخيبة أمل مريرة، وقفت الآن أمام خيار التصرف بشكل مستقل ودون مساعدة رسمية إنجليزية (ولكن مع اقتناع بأن السلطات الإنجليزية ستضع صعوبات لا يمكن التغلب عليها في طريق شخص أضعف من أن يتغلب عليها)، أو قبول المساعدة الحكومية لأولادي. وبالنظر إلى الوعد الذي قطعته لأصدقائي الألمان، بعدم الذهاب بمفردي وبدون حماية لأخي - على الرغم من أنني لم أفكر أبدًا في أنه سوف يخالف قوانين إنجلترا حتى لو ظهرت أمامه فجأة - وافقت على عرض السيد بارتل فرير. وعندما سأل صديق لي السيد بارتل، مرتابًا في نيات الحكومة، كيف جاء هذا الاهتمام الخيري المفاجئ في حالتي، ذكر ذلك الدبلوماسي الداهية ما لا يقل عن ثلاثة أسباب: أولًا، نحن نقدم معروفًا للسلطان؛ ثانيًا، نهدئ الأميرة؛ ثالثًا، نتوقع فرصة المستشار الألماني (الأمير بسمارك) ليأخذ زمام الأمور حول هذا الشأن في قبضة يده. وبدا كل ذلك معقولًا ومطمئنًا.

ولتجنب مصادفة برغش في الأماكن العامة، سواء في المتاحف أو غيرها من المباني المفتوحة للجميع، أو في حديقة هايد بارك أو في الشوارع، قمت بدراسة الصحف، حيث أُعلن عن رحلاته اليومية مسبقًا. وقد توسلت مضيفتي الودودة بأن تعفيني من التجول معها، إلا أنها لم تسمح بذلك لأن

صحتي تطلبت مني أن أستنشق الهواء النقي بانتظام. لذلك، عندما ذهب السلطان شرقًا، اتجهنا غربًا، والعكس صحيح. واعتقدت أن هذا الاحتياط ضروري للغاية، لأنني شعرت بالارتباك بشأن مدى قوتي العقلية، وخشيت أنني قد أخلف وعدي إن التقيت به بالفعل. ولكن لم يكن من المرجح أن تتعرف عليَّ في الملابس الأوروبية التي أرتديها الآن حتى والدتي القديسة، ناهيك عن أخي الذي كان عادةً ما يراني محجبة.

كان يجب عليَّ أن أشد رحالي وأعود إلى ألمانيا، تاركةً ورائي المكان الذي شهد هزيمة آمالي. ولكنني حُرمت حتى من هذا الرضا. بعيدةً عن أطفالي، كان عليَّ أن أستمر في المعاناة التي لا توصف لأسابيع في مدينة لم أكن أعرف فيها سوى الحزن وخيبة الأمل: لقد أمر السيد بارتل فرير بضرورة كتابتي لتقرير رسمي مفصل. ومن دون خبرة في مثل هذه الأمور، وانخفاض قدرتي العقلية إلى حالة آلية، سمحت لأصدقائي الطيبين بإجراء هذا التقرير نيابة عني بكل سرور، بافتراض، بطبيعة الحال، أنه لن يأتي من هذا الأمر إلا الخير. فعند الانتهاء من كتابة هذا التقرير، بعد حوالي ستة أسابيع، عدت إلى أرض ألمانيا وإلى حضن أطفالي.

ونتيجةً للنظر إلى زنجبار على أنها تبعية بريطانية مستقبلية، وجب تقديم تقريري الرسمي أولًا إلى السلطات في الهند. ومرَّت بضعة أشهر حتى تلقيت ذات يوم رسالة من لندن، تضمنت نسخة من الوثيقة التي سلمتها الحكومة البريطانية للسفير الألماني لإحالتها إليَّ، والتي لم تتضمن شيئًا سوى رفض موجز لذلك التقرير الذي أصر على كتابته السيد بارتل فرير بإلحاح. كسبب لرفض النظر في التقرير الرسمي، ذكرت الوثيقة أنني، بعد أن تزوجت من رجل ألماني، ولعيشي في ألمانيا، ستكون حالتي ذات أهمية أكبر بالنسبة للحكومة الألمانية. وكانت هذه الذريعة الركيكة أكثر سخافة لأنني لم أطلب الصدقات لا من هذه الحكومة ولا الأخرى، لم أطلب سوى الدعم المعنوي لكلتيهما. كان السيد بارتل فرير من اقترح كتابة التقرير الرسمي - وهو نفس الدبلوماسي الذي فرض عليَّ التعهد بالامتناع عن رؤية أخي مقابل الرخاء المؤكد لأطفالي.

سواء كانت هذه المعاملة لامرأة تعيسة لائقة ببلد عظيم مثل إنجلترا، أترك اتخاذ هذا القرار في يد المنصفين. لكن أود أن أسأل ما إذا كانت الحكومة البريطانية، ممثلة من قبل السيد بارتل فرير، عندما قدمت لي هذا العرض، تجهل حقيقة أنني تزوجت من ألماني، وبالتالي كنت من الرعايا الألمان؟ لم يرد التطرق إلى هذه النقطة أبدًا عندما التزمت بالوعد مني بعدم رؤية أخي. كنت قد حافظت من طرفي على الاتفاقية بأمانة وضمير. أنت تدرك أنه بينما كنت في وضع يسمح لي بالتواصل مع أخي، لم أكن حينها فردًا ألمانيًا لا يهم الإنجليز، بل كنت أختًا للسلطان، التي ربما تكون قد أضرت بالمصالح الإنجليزية؛ بل انظر وتأمل، بعد أن عاد أخي إلى أرض الوطن مرة أخرى، أصبحت غير ضارة، ولَعِب بهذه البطاقة للتخلص مني إلى الأبد.

وقد أُخبرت في وقتٍ لاحق عن سبب رغبة السلطات في منع إقامة الصلح بيني وبين برغش، لكون السلطان يجهل أي لغة أوروبية، ولا يفهم التحسينات السياسية الأوروبية، رغب الإنجليز في إبقائه في عتمة الظلام، لأنه من غير المرجح أن يرفض كل ما يتعلق بتوقيع معاهدات معينة. فإن تصالحت معه، فقد أخبره، ببعض المعرفة بالأفكار الأوروبية، بأمورٍ قد يكون من المفيد أن يعرفها حاكم زنجبار، مما لا يسهل مجرى مخططات الحكومة البريطانية.

ومع ذلك، يجب أن أذكر فرقًا كبيرًا بين الحكومة الإنجليزية والمجتمع الإنجليزي، والذي من خلاله تلقيت تعاطفًا حارًّا، وسأحمل تجاه بعض أعضائه ديونًا لبقية حياتي.

زيارة الوطن القديم

حين كتبت الفصل السابق في سنين مضت، كنت قد أيست من تحقق أمنية كانت قد تملكت كل فكري ووجودي. كانت أيامي الحافلة بالأحداث منذ أن خرجت من موطني الجنوبي فترة متصفة بما يقرب من التوتر والاضطراب الهائلين. وقد مررت بأغرب التجارب، منها ما لا يتمناه المرء حتى لعدو. وقد تمكنت ببنية قوية أن أتحمل الطقس الشمالي الشديد لفترة طويلة، ولكنني أخيرًا سلَّمت برغبتي في التغيير، فتصورت قبل سنتين فكرة إعادة زيارة زنجبار مع أطفالي الثلاثة.

واتخذت الخطوات اللازمة بكل ثقة، ولقيت تعاونًا كبيرًا من قبل السلطات. ولكن الأمور تأزمت مع ذلك، وكنت على وشك الوقوع في اليأس مجددًا من رؤية بلادي لمرة ثانية، حتى بلغتني يومًا رسالة من مكتب وزير الخارجية الإمبراطوري تطلب مني الاستعداد للمغادرة إلى زنجبار. وقد أثارتني الأخبار إلى درجة أني لم أحتفِ بحظي الجيد على الفور. وبعد حمد الرب والثناء عليه على هدايته البديعة، فقد شعرت بواجبات عظيمة تجاه إمبراطورنا المبجل والموقر وحكومته السامية؛ وسنذكرهم أنا وأطفالي دائمًا بحفاوة وامتنان.

فشرعت مع أطفالي في الأول من يوليو سنة 1885 من برلين، فبلغنا تريستي بسلام في الثالث منه عبر بريسلاو وفيينا. ولمَّا استقر بي المقام على متن سفينةً Venus البخارية للويد، والتي رفعت مرساتها في ظهيرة ذلك اليوم، فعندئذٍ فقط شعرت بالتحرر من القلق والتمتع براحة البال التي كنت يا للأسف قد افتقدتها أخيرًا. وكنا في اليوم الخامس في كورفو. وكانت الرحلة التي امتدت لساعات سببًا في معرفتنا لأفضل المشاهد في تلك الجزيرة الفاتنة، حيث تقدمنا وعبرنا من إيثاكا القاحلة في أقصى

جنوب اليونان ومن بعدها كانديا الشامخة، إلى أن بلغنا ميناء الإسكندرية.

ما إن وطئت قدماي الأرض هناك بين أشجار النخيل والمنائر حتى غمرني إحساس دافئ يذكرني بالوطن، والذي لا يمكن فهمه إلا بالغياب لفترة طويلة في ظل ظروف مماثلة. ولم تكن عيناي قد أبصرتا الجنوب الواقعي منذ تسعة عشر عامًا؛ وكنت قضيت كل ذلك الوقت بجوار الموقد في ألمانيا، شتاءً بعد شتاء. ولو كنت قد أصبحت مواطنة شمالية لها ما لها من الواجبات المتعددة لربة البيت الألمانية تجاه أهلها، ولكن أفكاري كانت في العادة بعيدة جدًا. ولم أكن أعرف شيئًا عن الترفيه، ولم تكن لي ملهاة أفضل من تصفح كتاب يصف الجنوب. فلا عجب أني كدت أفقد حواسي لمنظر الإسكندرية، ووقفت أشاهد صخب الميناء وكأني في حلم.

وطُلب منا في إدارة الجمارك أن نعرِّف بأنفسنا. وبتقريري عدم الإفصاح عن اسمي إن كان بالإمكان تجنب ذلك، فقد سألت مرافقة لي في سفري أن تعيرني واحدة من بطاقات الزيارة الخاصة بها، والتي قُبلت كدليل كافٍ مما أثار دهشتي. وحيث كنا محاطين حرفيًا من قبل الحشود الغوغائية، فقد أُرهقنا حتى عثرنا على سيارة أجرة لنبلغ فندقنا. وأحاطنا أكثر من عشرين شخصًا، يزعجوننا بتقديم خدماتهم، ويصرون على ذلك حتى تنحيهم الشرطة. ولم يكن من الممكن إلا عندئذٍ لسيارة الأجرة أن تتحرك، ولكن مع فرد مغامر يقفز من الخلف، ليعلو صوته باقتراح خدمته كمترجم أثناء الرحلة؛ وكانت قدرتي على التحدث بالعربية بنفسي وتمكني من تدبر أموري بدون مترجم لغزًا عصيًا على الفهم بالنسبة له.

مر اليومان اللذان قضيناهما هنا في فندق عزيز وقذر في ومضة. أحببت الذهاب إلى الحي العربي في المدينة، حيث أمدتني حيوية الحياة

العربية ببهجة مستمرة. وبمجرد أن أخاطب الناس بالعربية - بعد أن كانوا يرمقونني بأنظار الريبة والشك - تصفو وجوههم وتضيء عيونهم. وينادونني، «أماه، أين تعلمت الحديث بلغتنا جيدًا؟ لا بد أنكِ عشتِ في بغداد؛ كم بقيتِ هنالك؟». وقد أحبنا سائق الأجرة الخاص بنا إلى درجة أنه توسل إليَّ أن أتخذه خادمًا؛ وأقسم أن يكون مخلصًا لي طوال حياتي وألا يمس قطرة من نبيذي. وكم كان المسكين كئيبًا حين اطمأن بأني لا يمكن أن أحقق له ما يصبو إليه.

لا تزال الإسكندرية التي كانت ذات يوم مدينة جميلة تشكل أنقاضًا - كتذكار «للإنسانية» الإنجليزية! وباستثناء والي مصر وعدد من وزرائه - وهم ببساطة أدوات لبريطانيا -، فكل السكان يمقتون الإنجليز من صميم أفئدتهم. وقد سمعت في مناسبات عديدة كلامًا شديد الذم لهم من الناس في الأسواق والشوارع. وكنت قد سُئلت مرارًا إن كنت إنجليزية، فإذا قلت إني ألمانية فهذا كان يترك انطباعًا إيجابيًا. وأما المستعمرة الأوروبية في الإسكندرية، فليست نظرتها تجاه الإنجليز بأفضل من ذلك.

مررنا من الإسكندرية حتى وصلنا بورسعيد في رحلة استغرقت ثماني عشرة ساعة. والتقينا هناك بسفينة الإمداد آدلر التابعة لسرب شرق أفريقيا الألماني، التي ركبنا على متنها. وبورسعيد وإن كانت ميناءً صغيرًا، فإن من الممكن أن تجد كل شيء هناك؛ فالمحلات مليئة بكل الكماليات التي يتوق إليها قلب الإنسان.

في هذا المكان تبدأ الصحراء والقناة التي تمر عبرها، وتربط البحر الأبيض المتوسط بالبحر الأحمر. القناة ضيقة للغاية بحيث لا يمكن للسفن المرور بعضها إلى جوار بعض. لذلك توجد أنواع من التحويلات من حين إلى آخر، وتتميز بعلامات موضوعة على الشاطئ، مثل «Gare Limite Sud» أو «Gare Limite Nord». قد تضطر السفينة إلى الانتظار في التحويلة لساعات حتى مرور إحداها من الاتجاه الآخر. في بورسعيد تستقل كل سفينة بخارية قبطانًا يعرف كيفية عبورها بأمان، ويفهم إشارات الكرة التي تُطلق على الحبال التي تشير إلى ما إذا كان عليك الانتظار، وكم عدد السفن التي يجب أن تسمح لها بالمرور، وما إلى ذلك. ولا يمكن لأي سفينة أن تمر عبر القناة بسرعتها القصوى، لأن الاندفاع الشديد قد يؤدي إلى إتلاف الضفاف الرملية الواهية. وتتوقف حركة المرور تمامًا في الليل.

وتتسع القناة في السويس، وقد عبرنا إلى البحر الأحمر. وإذا كانت الحرارة شديدة في القناة، فقد كانت لا تُطاق بين الجانبين الصخريين المرتفعين للخليج. وقد ملأنا العرق ليلًا ونهارًا. وبالنسبة لي، فقد لاءمتني درجة الحرارة الشبيهة بوطني إلى درجة كبيرة، ولكنها لم تلائم أطفالي، مما جعلهم يبدون التأذي والضعف. وكان البحر يجري عاليًا ليسمح بفتح فتحات الميناء، ومع ازدياد سماكة الهواء، فقد قضينا المساء في الميناء في كراسي أضعف، بقلق وعدم ارتياح. واستغرقت الرحلة إلى عدن أسبوعًا كاملًا، وعلقنا هناك لمدة خمسة أيام قبل أن يصدر الأمر للسفينة آدلر لمواصلة الرحلة. وفي الثاني من أغسطس بدت جزيرة بيمبا في الأفق، ويا لها من سعادة! لأن ذلك كان يعني أن ساحل زنجبار لا يبعد أكثر من ثلاثين ميلًا، ويمكن الوصول إليه في غضون ثلاث ساعات. ولكن نظرًا لحلول الليل علينا فقد توقفنا في كيب الشمالية، إذ كان من الخطير محاولة الوصول إلى الميناء، بسبب القضبان الرملية.

في اليوم التالي كنا مستيقظين باكرًا. وكانت تلوح في الأفق غابة الصواري. وبالإبحار بالقرب من الشاطئ كان يمكننا بوضوح إبصار بساتين النخيل التي تنتشر فيها قرى الزنوج. وبعد الكثير من الإشارات فقد خُصِّصت لنا أرضية لترسو مرساتنا فيها، ولكن ذلك لم يطل حتى اضطررنا إلى تغييرها سريعًا. وجدنا أربعة من رجال الحرب الألمان ماكثين في الميناء، وكانت هناك سفن ستوتش، ونيسيناو، وإليزابيث، وبرينز أدالبيرت، وسفينتان تابعتان للبحرية الإنجليزية، وخمس سفن بخارية تابعة للسلطان، وعدة سفن شراعية. واعتقد العميد البحري باشن بأن من المستحسن أن تعدي «حمولة سرية»، وهي تسمية أذهلت ضباط السرب إلى حد كبير. وبمجرد وصول الأدميرال الباسل كنور بالبيسمارك فقد تغير الوضع، وكنت مأذونة بالذهاب إلى الشاطئ كلما أحببت.

بدا لي عند زيارتنا الأولى للمدينة أني أتحسس مفاجأة غير متوقعة في وجوه الناس الذين احتشدوا حولنا. فكانوا يصرخون يمينًا وشمالًا بالعربية والسواحيلية: «مرحبًا، سيدتي»! فإذا دخلنا محلًا لبعض المشتريات، كان حشد كبير يجتمع في الخارج، مفسحين لنا المجال بكل احترام عند خروجنا مرة ثانية. وكان مرافقونا المتطوعون يزدادون عددًا يومًا بعد

يوم، وأصبحت الجماهير أكثر حماسة. وهذا بلا شك قد أغضب السلطان ومستشاره السياسي، القنصل العام البريطاني؛ وبالفعل فقد جلد برغش بعض الناس بسبب متابعتهم لنا. ثم ارتأى هو والمسؤول الإنجليزي أن من الملائم إبلاغ قائد السرب بالشكوى بسبب التجمعات الشعبية التي تشكلت من أجلي.

فعندما سمعت بذلك، فقد حذرت الناس من مرافقتي، ولكنهم كانوا يردون بأن خطر العقوبة لا يصدهم عن ذلك. وكان العبيد يتقربون إليَّ برسائل من سيداتهم يتوسلن إليَّ بقبول إخلاصهن وتفانيهن؛ فكن يردن زيارتي على متن المركب، ويخبرنني بأن بيوتهن مفتوحة من أجلي. وكان العبيد يأخذون بالرسائل المخبأة تحت قبعاتهم ويمررونها خلسة إلى يدي. وبمروري على منزل كنت ألاحظ نساء اختفين خلف الباب في انتظار قدومي؛ فإذا مررت بهن حدثنني أو قالوا لي ببساطة: «فليكن الرب معكِ، وليبقيكِ في صحة جيدة». وبعث إخواني وأخواتي وأقربائي الآخرون وصديقاتي السابقات إليَّ مكرِّرًا بأن آتي وأزورهم؛ ولكنني رفضت كل هذه الدعوات، ليس لأسباب شخصية، ولكن الظروف أجبرتني على ذلك.

إذا مررنا بالقصر في زوارق أو تحت نوافذ الحريم الملكي، لوحت زوجات السلطان بأيديهن؛ وبينما كان ضباط البحرية يرافقوننا في رحلاتنا، فقد اضطررت إلى مطالبة هؤلاء السادة بعدم ردِّ التحية، من أجل السيدات. حتى إنني تجنبت القيام بذلك بنفسي، من أجل إنقاذ الجميلات المتهورات من الهلاك، فقد أُبلغت أن سيدهن كان معتادًا على الاختباء في مكان ما في القصر، ويتجسس على جانب المياه أو الشارع، حتى يتمكن بذلك من قبض الجانحات ومعاقبتهن. وليس هذا ابتكارًا. فمن المعروف تمامًا أنه قبل عام من زيارتي إلى زنجبار، اكتشف السلطان المختفي جارية مفضلة - شركسية جميلة - تتبادل التحية مع برتغالي كان يمر في زورق صغير. وهذا ليس بأي حال من الأحوال عادة جديدة. أتذكر كيف كان الأوروبيون قبل ثلاثين عامًا في أيام طفولتي ينحنون لنا، وخاصة من قبل ضباط البحرية الفرنسية والإنجليزية، والتجار المقيمين؛ وقد اعتدنا أن نؤدي التقدير بنفس الطريقة، ولم يثر رجالنا أبدًا أي اعتراض. لكن برغش اتخذ وجهة نظر مختلفة. فقد قام بجلد الشركسية بوحشية شديدة بيديه بسبب تلك الجنحة، حتى زُهقت روحها بعد أيام قليلة. ويُقال إنه طلب منها المغفرة عبثًا؛ ومع ذلك فقد دعا لها بدعوات عند قبرها.

وكثيرًا ما اتفق لنا أثناء رحلاتنا إلى الداخل أن التقينا بأفراد يمتطون الحمير. ولإظهار الاحترام فإنهم كانوا يترجلون، ويقيدون الحيوانات بالأعنة، ثم يركبونها مرة ثانية. وعلى الرغم من توبيخات السلطان فإن السكان أصروا على إظهارهم للتعلق، وبالطبع فإن صرخات «Kuaheri, bibi» (وداعًا سيدتي) التي كانت تدوي قريبًا أسفل نوافذه كلما عدنا إلى ظهر السفينة قد أزعجته. وكلما اقتربت قواربنا إلى الشاطئ، كان أحدهم يضرب علبة بسكويت قديمة كالطبل - كما قيل لي - لجمع الناس معًا.

بطبيعة الحال، كان هناك دائمًا جواسيس يلاحقوننا، معظمهم من الهنود الشرقيين، وقد تحدثنا بالألمانية ما أدى إلى استيائهم الشديد. وفي الليلة التي سبقت مغادرتي، نادى صديقان مخلصان كانا قد غامرا بالخروج إلى السفينة تحت جنح الظلام بإشعاري بالشخص الكئيب لرجل كان يكرمنا كثيرًا باهتمامه بصفته بائعًا متجولًا، وهي الأداة الذكية لمنظف المصباح المؤثر وحلاق البلاط السابق بيرا دوجي. وهو هندوسي ماكر جدًّا، وقد اجتهد هذا الفرد حتى بلغ منصب خادم للسلطان، حيث قام بأي نوع من الوظائف، عالية أو متدنية. وكانت كل المفاوضات الدبلوماسية تمر بين يديه، والأيدي نفسها تقوم بخدمة ضيوف السلطان على المائدة. ويتقاضى راتبًا هائلًا مقداره ثلاثون دولارًا شهريًّا! يهتم الجميع في زنجبار جيدًا بالبقاء على الجانب الأيمن من بيرا دوجي الجبار، الذي لم يكن قادرًا على الحفاظ على نفسه في مثل هذه الملابس الرائعة بثلاثين دولارًا، ويسعى إلى قنوات أخرى للإيرادات. كان صائغ البلاط برفضه نسبة مئوية لمنظف المصباح السابق بناءً على جميع أوامر السلطان، فإنه فقد هذه العادة، التي نقلها بيرا دوجي إلى منافس أكثر مرونة.

ربما جعلتني الإقامة الطويلة في الخارج شديدة الحساسية. على أية حال فقد بدا لي الجزء الداخلي من المدينة في حالة يرثى لها. فكانت الأنقاض على طول الشوارع، والتي كانت ضيقة جدًّا ولم تُحفظ نظافتها؛ وكانت الأنقاض تتزايد في كل مكان مع ظهور الأعشاب وحتى الأشجار. ولم يبدُ أحد مهتمًّا؛ فقد مشى الجميع بغير التفات، شاقين طرقهم نحو شبكة من البرك وأكوام القمامة. وحفر الرماد والقمامة غير معروفة - وذلك لأن

الشارع المفتوح يؤدي وظيفتها. وفن الإدارة البلدية ليس سهلًا أيضًا، وإلا لكان السلطان الذي عرف بهجة الشوارع النظيفة في بومباي وإنجلترا وفرنسا قضى على هذا الشر، من فترة طويلة. ومع ذلك فقد أدخل تصنيع الثلج، والضوء الكهربائي، وما يُسمى بالسكك الحديدية، وأشياء بديعة أخرى، ولا أقل منها الطهاة الفرنسيون وفن الطهي الفرنسي.

كان الانهيار الرهيب للمدينة الداخلية أكثر إيلامًا بالنسبة لنا، ولكني لم أكن أتصور إلى الآن أي حالة سأجد فيها بيت الموتني الموقر مرة ثانية. وعندما وصلت إلى المكان الذي لمحت فيه ضوء النهار لأول مرة، فقد أصبت بصدمة شديدة. يا له من منظر! فبدلًا من بيت، كانت هنالك خربة كاملة؛ ولا صوت ليوقظني من حس الاكتئاب الذي تسبب به ذلك المشهد غير المتوقع. كان أكثر من نصف المنزل خربًا، وتُرك كما هو؛ وكانت أسطح الحمّامات قد اختفت، ومثّل بعضها أكوامًا من القمامة؛ وأما الأجزاء التي كانت ما زالت قائمة فإنها كانت كذلك بدون أرضية أو سقف. فكان الدمار والخراب في كل جهة. ونمت أنواع من الحشائش في الفناء. ولم يبقَ شيء يذكّر بالرونق القديم لذلك المكان.

بعد أن ألمحت في هذا الفصل الأخير إلى رب أسرتنا في زنجبار، فإني أشعر برغبة للكشف عن مزيد من الحلقات في حياته المهنية. ويزعجني جدًّا أن أفضح أحدًا دمه دمي، فإني وعلى الرغم من كل الفراق عن أهلي، وبغض النظر عن قسوة برغش تجاهي، إذ رهن الحياة والمُلك من أجل تفوقه، فإنه لا يزال لديَّ حس لا ينضب من التعلق الأسري. ولكن السيد برغش رجل بلا ذرة من الرحمة لا تجاه رعاياه ولا تجاه أقرب أقربائه.

ومن المعروف عامة في زنجبار كيف أنه بعد توليه للعرش قد سجن شقيقه التالي خليفة بغير سبب أو عذر. وظل المسكين قابعًا في قيود من حديد مثقلة بالسلاسل. ولِمَ كان ذلك؟ لم يكن لأحدٍ أن يقول. ولعله خشي أن يرأس خليفة وهو الأقرب في سلسلة العرش مؤامرة كما فعل هو ضد ماجد. وحين بدأت إحدى أخواته التي كان قد أهانها رحلة حج إلى مكة، فقد أنب برغش ضميره، وطلب منها الصفح والعفو؛ فلم يكن يطيق مواجهة لعنة تُدعى عليه في مدينة النبي المقدسة. ولكنها مع ذلك رفضت الصفح عنه حتى أطلق سراح أخيه البريء.

ومع ذلك، فقد استمر برغش بمراقبة خليفة ورفاقه. وعندما علم بأن أحد المقربين لأخيه منعم بنعم دنيوية، وتذكَّر كيف أن التحالفات مع الوجهاء الأثرياء كانت مهمة بالنسبة له، فقد قرر أن يجرد وريثه المفترض من أي دعم قيم كهذا. فبعث إلى صاحب خليفة، وقال له ما مضمونه: «سمعت بأنك تنوي بيع مزارعك؛ فأخبرني كم تتوقع في المقابل، لأني أود اقتناءها». ولكن الآخر رد بأن «ذلك اشتباه حتمًا، فلم تكن لديَّ فكرة بيع مُلكي أبدًا». ولكن السلطان ردَّ قائلًا: «ولكن ذلك سيكون في صالحك إن بعتني الأرض. فكر في الأمر».

وسرعان ما استُدعي إلى الحضرة الملكية مرة أخرى، وبيَّن مرة أخرى بأنه لا ينوي البيع، ولكنه تلقى الجواب الحاسم: «لا يعني ما تنويه أي شيء لنا. سأعطيك خمسين ألف دولار. وهذا أمر للحصول على المال». فرجع المسكين البائس بنفسه ليتلقى ضربة أوجع. وذلك لأنه حين حاول الحصول على المال، فقد أُعلم بأن المبلغ كان سيُدفع في أقساط لمدة عشرين سنة، يكون القسط الواحد فيها ألفين وخمسمائة دولار. فخرب حال الرجل، وكان ذلك بالذات ما أراده السلطان.

وهنالك حادثة أخرى تجعلني أحمر خجلًا وتملأ روحي أسفًا: فقد انتشر بهتان حول إحدى أخواتي؛ فزُعِم أنها تحب شخصًا لا يوافق عليه برغش كصهر له. فذهب إليها السلطان ووجه إليها التهمة. واعترضت بلا طائل بجهلها بالموضوع: فضرب هذا الأخ رقيق القلب بنفسه أخته خمسين جلدة بعصا خيزرانية! فأُقعدت في الفراش نتيجة لذلك لمدة شهر، وظلت تعاني آثار معاملته الوحشية لفترة طويلة بعد ذلك. ولا شك أنه سيدعو عند قبرها كما فعل ذلك مع الجارية الشركسية.

ولعل من السهل فهم عدم تأملي الكثير من السيد برغش بخصوص تصفية ادعاءاتي الخاصة. وقد نشرت الصحف كذبًا أني عدت إلى ألمانيا بكامل ميراثي، وهو مبلغ يصل إلى حصيلة بيع ثمانية وعشرين منزلًا. ولكني لم أتلقَّ حتى فلسًا واحدًا؛ وادعاءاتي التي صدقها القنصل العام البريطاني - كاشف عن حقيقة الحال كثيرًا - لا تزال لم تُسوَّ حتى اليوم. فقد رفضت المبلغ الهائل البالغ ستة آلاف روبية (ما يقرب من خمسمائة جنيه

إسترليني) الذي قدمه أخي كتسوية. ومنذ تولي برغش للعرش، فقد مات خمسة من إخواني، وخمس من أخواتي، وعمتي عائشة، وثلاث من بنات إخوتي وابن أخي، وإحدى زوجات أبي وقد كانت ثرية جدًا، وأنا مستحقة لنصيب من كل ممتلكاتهم. ولكن السلطان رفض التسوية معي كما اقترحته الحكومة الألمانية بعبارات فارغة؛ ولا شك أنه هنأ نفسه حين طغت المسائل السياسية على أموري الشخصية.

وهنالك أمر بشع آخر. يعلم كل شخص يعرف زنجبار جيدًا أن السلطان لا يحكم إلا في أمور صغيرة، وأن القنصل العام البريطاني في الواقع هو من يدير بقية الأمور. ويذعن له حتى أعداؤه بأنه دبلوماسي متمكن. ولو لم أكن الآن خبيرة بالممارسات والاستراتيجيات الدبلوماسية كما كنت قبل عشر سنين، ولو صدقت بكل كلمة رنانة، لكنت على الأرجح صدقت بأن القنصل العام قد أخبر ضابطًا كبيرًا في الأسطول الألماني بأنه ندم كثيرًا على عدم قدرته على فعل شيء من أجله - بأنه لسوء الحظ لم تسنح له أي فرصة لمقابلة السلطان وعرض مطالبي في حضرته. واكتشفت بعد ذلك أنه قبل أسبوعين قد قضى الرجل أيامًا معدودات مع السلطان في أحد ممتلكاته. ويسمع المرء أيضًا عن سلك هاتفي فعَّال يربط قصر السلطان بالقنصل العام البريطاني السامي.

كنت قد شعرت عند الاقتراب من زنجبار بشكوك عظيمة للاستقبال الذي ينتظرني هنالك. ولم أكن أتوقع من أخي أن يتجاهل رغبات الألمان تمامًا، ولم أكن مخطئة في ذلك. وكنت متهيئة لمجرد تحمله لوجودي في الجزيرة مراعاة لألمانيا. والتعامل الخسيس الذي أبداه مع إخواني وأخواتي الآخرين قد أنبأني بالتأكيد بفقدان روح الود. ولكنه بعد ذلك فُرض عليَّ السؤال التالي - كيف للناس أن يشعروا تجاه وصولي؟ ولحسن الحظ، فإنه يمكنني الإجابة عن هذا السؤال بأنني تلقيت ترحيبًا بحفاوة. وتوسل إليَّ العرب والهندوس والسكان الأصليون بأن أقضي بقية أيامي في زنجبار. وهذا أكد اعتقادي بعدم حملهم تعصبًا دينيًا تجاهي لاعتناقي المسيحية. وفي الواقع، فإن أحد العرب أخبرني بأنه طالما نظر إليَّ كابنة والدي، وأن تغييري لديني كان مقدرًا منذ بداية العالم، وأن مغادرتي وعودتي كانت مقدرة بموجب الإرادة الإلهية. وأضاف قائلًا: «لا شك أنكِ الآن ستبقين أنتِ وأطفالك معنا».

مثل هذه الأدلة على التعلق والتفاني، إلى جانب البهجة الهائنة المتمثلة في رؤية بلدي العزيز مرة ثانية، قد أنعشت روحي في العديد من الساعات الثقيلة، وجعلت رحلتي حدثًا لسعادة مدى الحياة، ولا يسعني إلا أن أقدم ثنائي وشكري للرب مرة ثانية للطفه الكبير ورحمته.

ولم تنقضِ مغادرتي الثانية بدون آلام مريرة، شاركني فيها أصدقائي، الذين أقدم ترجمة حرفية لرسالتهم للوداع المكتوبة بالعربية والتي بُعثت إليَّ في ألمانيا كخاتمة ملائمة لكتابي:

رحلوا دون إخباري،
تمزق قلبي حتى امتلأت روحي بنارٍ آكلة.
آه لو استطعت أن أتشبث بأعناقهم عندما هجرونا:
لعلهم أقاموا على رأسي ومشوا على أهدابي!
كان مسكنهم في قلبي، وعندما رحلوا
جرحوا روحي كما لم تُجرح من قبل.
تفتت جسدي، انهمرت دموعي ولم تتوقف؛
كأمواج البحر، سالت على خدي واحدةٌ بعد الأخرى.
يا رب الكون، اجمعنا قبل أن نموت،
وحتى وإن كان قبل أيام قليلة
فإن حيينا، فلا بد أن نلتقي مرة أخرى،
وإن مُتنا فليبقَ الجانب الخالد فينا.
آه، لو كنت طيرًا:
لحلقت شوقًا إليهم!
ولكن كيف لطيرٍ مقطوع الجناحين أن يطير؟

النهايه